Weitere Titel findest du auf der letzten Seite >> >>

Das **Wetter**

Das **Mikroskop**

Der **Urmensch**

Fliegerei und Luftfahrt

Hunde

Mathematik

Reptilien und **Amphibien**

Der **Mond**

Elektrizität

Schiffe

Pferde

Polargebiete

Computer und **Roboter**

Säugetiere der Vorzeit

Magnetismus

Vögel

Fische

Elektronik

Luft und Wasser

Sport

Der menschliche **Körper**

Muscheln, Schnecken, Tintenfische

Das **Auto**

Die **Kreuzzüge**

Pyramiden

Die **Germanen**

Die alten **Griechen**

Eiszeiten

Die **Völkerwanderung**

W0015723

Rätselspaß mit **WAS IST WAS**

Rätselhefte

Weltraum Rätselheft

Unser Körper Rätselheft

Quizblocke

Wilde **Tiere** Quiz

Musik Quiz

Ein WAS IST WAS Buch

Vögel

Von Dr. Heinrich Hoerschelmann

Illustrationen von Frank Kliemt, Arno Kolb und Reiner Zieger

TESSLOFF

Vorwort

Vögel sind die Tiere, die wir am besten kennen. Das ist auch nicht erstaunlich, denn man sieht und hört sie überall. Eben, wie ich das gerade schreibe und, um ein wenig nachzudenken, aus dem Fenster gucke, segelt eine Lachmöwe vorbei, landet ein Schwarm „Straßentauben" auf dem Dach des Nachbarhauses und ist ganz leise das Läuten einer Kohlmeise zu hören. Also auch hier, mitten in der großen Stadt, sind die Vögel unsere Mitbewohner, die uns mit ihrem hübschen Aussehen und ihrem Gesang erfreuen. Vögel sind also viel leichter zu beobachten als die meisten Säugetiere, die viel versteckter und heimlicher leben. Weil das so ist, sind die Vögel auch gute Anzeiger für den Zustand der Natur um uns herum.

Wenn die Arten, die eine gesunde Umwelt brauchen, wie Störche, immer seltener werden und die Arten zunehmen, die auch noch mit einer gestörten Umwelt zurechtkommen, wie Ringeltauben, dann ist das ein nicht zu übersehendes Warnsignal.

Vögel zu beobachten macht also nicht nur Spaß, es ist auch wichtig und nützlich, damit wir lernen, mit der Natur besser umzugehen.

Will man die Vögel aber richtig verstehen, muss man schon etwas über ihren Bau, ihre Lebensweise und ihre Lebensansprüche wissen. Dieses Buch soll dabei helfen.

Die allermeisten Vögel können fliegen. Es wird gezeigt, welche „Konstruktionsbesonderheiten" dazu nötig sind. Das Leben der Vögel mit der Abfolge der Jahreszeiten, von der Balz, dem Nest, den Eiern usw. im Frühling bis zum Sterben wird vorgestellt. Die Schilderung der Vogelgemeinschaften in den verschiedenen Lebensräumen dieser Erde und ein Aufruf zum richtigen Vogelschutz beschließen das Buch. Ich wünsche mir, dass das Buch dazu beiträgt, die Vögel, unsere Mitgeschöpfe, besser zu verstehen, damit wir lernen, sie und uns vor dem gedankenlosen Umgang mit der Natur zu bewahren.

H. Hoerschelmann

BAND 40

Die Schreibweise entspricht den Regeln der neuen Rechtschreibung.

BILDQUELLENNACHWEIS:

FOTOS: Archiv Tessloff Verlag, Nürnberg: S. 1, 4/50, 70m, 7mr, 7u (3), 80, 8ml, 8ul (Schnepfe), 8ur (2), 9u (2), 11u, 110m, 13ur, 14/15u, 15or, 15u, 18ol, 290m, 34mr, 39 (3), 400r, 40m, 40ur (2), 41u (2), 42or, 42ul, 43ul (Wasserläufer), 44ol, 45ur (2), 450m, 46or, 46ur, 48; Corbis, Düsseldorf: S. 6or, 60m, 6mr, 7or, 7m, 8ul (Seeschwalbe), 90l, 9ml, 19u, 20o, 21u, 22mr, 26ol, 28ol, 280m, 28ur, 29u, 31mr, 31ul, 31ml, 32ol (Eizahn), 37o, 44mo (Flughuhn), 450 (3), 47u; Focus, Hamburg: S. 1or, 12mr; Juniors Tierbildarchiv, Ruhpolding: S. 110, 170; Picture Alliance, Frankfurt: S. 6ul, 6um, 7ml (rund), 9or, 110 (Hintergrund), 14ol, 24ol, 25ol, 31ur, 34ol, 34m, 36o (2), 37ul (2), 4ol (2), 42m (3), 42um, 42/43u, 43ol, 43m, 43ml (2); Wildlife, Hamburg: S. 4u, 8ul (Papageitaucher), 8or (Tauben), 11ml, 13ol, 13m, 14um, 15m, 16o, 16ur, 18/19u, 20u, 21o, 21r, 22o, 24om, 24or, 25m, 25ul, 27(4), 28or, 28ul, 29or, 30/310, 320 (4), 33ml, 33or, 34ol, 34ul, 35 (2), 36ul, 44m (2), 46ol, 47ol, 47m

UMSCHLAGFOTOS: Archiv Tessloff Verlag , Nürnberg (U4); Corbis Images: Image Werks (Zweig); Getty Images: P. Lilja (Eule); Mauritius-Images: Age (Adler), Ausloos (Flamingos), H. Kehrer (Meise);

UMSCHLAGGESTALTUNG: Plural Design, A. Nuißl, Regensburg

GESTALTUNG: Johannes Blendinger, Nürnberg

ILLUSTRATIONEN: Frank Kliemt, Hamburg: S. 16, 17, 26, 38, 39; Arno Kolb, Uelversheim: S. 10; Reiner Zieger, Willmersdorf: S. 4u, 5r, 11, 12, 13, 18/190, 19, 22, 23, 24, 30, 33, 41, 44

Copyright © 2010, 2006 TESSLOFF VERLAG, Burgschmietstraße 2–4, 90419 Nürnberg
www.tessloff.com • www.wasistwas.de

ISBN 978-3-7886-0280-2

Inhalt

Der Vogelkörper – zum Fliegen gemacht

Was ist ein Vogel?

Ein Vogel hat ganz bestimmte Merkmale, an denen wir ihn sofort erkennen können. Er hat einen rundlichen Körper, zwei Beine, zwei Flügel, einen mehr oder weniger langen, beweglichen Hals und am Kopf einen Schnabel. Das wichtigste Merkmal sind aber die Federn, die nur die Vögel besitzen. Sie bedecken den ganzen Körper und bilden hauptsächlich auch die Flügel und den Schwanz.

Die meisten Vögel können fliegen. Ihre Flügel sind dadurch, dass sie aus einzelnen Federn zusammengesetzt sind, in sich beweglich und können so verschiedenen Flugbedingungen angepasst werden.

Aber nicht nur die Federn, sondern auch der Bau, die Energieversorgung und die Steuerung eines Vogels sind ganz eindeutig und auffällig auf das Fliegen zugeschnitten. Damit zeigen Vögel viele Eigenschaften, die wir auch von Flugzeugen her kennen, etwa die Leichtbauweise, den torpedoförmigen, starren Rumpf, die besondere Flügelform, den kräftigen Antrieb, eine wirkungsvolle „Treibstoffversorgung" und eine komplizierte Steuerung.

Auch in der Lebensweise der Vögel macht sich die Anpassung an das Fliegen bemerkbar. Da die Vögel fliegend schnell weite Strecken zurücklegen können, sind sie in der Lage, sich immer dort aufzuhalten, wo sie die günstigsten Bedingungen vorfinden. Viele Vögel wandern daher alljährlich aus ihren Brutgebieten in Winterquartiere und zurück. Obwohl die Vögel wie die Säugetiere ihre Körpertemperatur unabhängig von der Außenwärme ständig auf gleicher Höhe halten können, also warmblütig sind, bekommen sie doch keine lebenden Jungen. Sie legen Eier, die sie mit ihrer Körperwärme ausbrüten müssen. Wenn eine Vogelmutter die Eier in sich herumtragen müsste, bis die Jungen schlüpfen, wäre sie in dieser langen Zeit sicher zu schwer zum Fliegen.

WIRBELTIERE

Auch Vögel gehören wie Fische, Amphibien, Reptilien und Säugetiere zu den Wirbeltieren. Sie haben mit diesen Verwandten eine Wirbelsäule und viele andere Körpermerkmale gemeinsam.

ARCHAEOPTERYX

Die Zähne und Finger der Urvögel erinnern noch an Saurier, die Federn machen sie aber zu Vögeln.

Der Abdruck von Archaeopteryx im feinkörnigen Stein lässt Federn erkennen.

Heute wissen wir, dass die Vögel im Laufe der Erdgeschichte aus einem kleinen Seitenzweig am Stammbaum der Reptilien hervorgingen. Der Urvogel Archaeopteryx, der vor etwa 150 Millionen Jahren gelebt hat, war ein taubengroßer, auf den Hinterbeinen laufender Saurier mit richtigen Vogelfedern. Er hatte Merkmale von Reptilien und Vögeln und zeigt dadurch, dass zwischen diesen beiden Wirbeltierklassen eine ganz enge Verwandtschaft besteht. Inzwischen sind im feinkörnigen Kalkstein von Solnhofen in Bayern neun unterschiedlich gut erhaltene Abdrücke vom Archaeopteryx gefunden worden.

Fast alles am Vogel ist auf das Fliegen zugeschnitten. Daher sehen alle Vögel, abgesehen von der unterschiedlichen Größe, ohne Federn und ohne Kopf und Beine sehr ähnlich aus. Die Flugkonstruktion lässt nur wenig Spielraum für Sonderentwicklungen.

Sehen alle Vögel gleich aus?

Trotzdem gibt es Unterschiede. Die Möglichkeiten, die das Gefieder durch Farben und Muster, aber auch Hauben, Schöpfe, Kragen und Schleppen bietet – wir brauchen uns nur einen Pfau anzuschauen – ist schon recht beachtlich. Am Kopf sind es vor allem die Schnäbel, die die Unterschiede ausmachen. Die Insektenfänger haben spitze Pinzettenschnäbel, mit denen sie die kleinen Insekten geschickt greifen, die Körnerfresser kurze, dicke Schnäbel, mit denen sie die Samen knacken, die Greifvögel kräftige Hakenschnäbel, mit denen sie die Beute zerreißen, und die Enten flache Löffelschnäbel, mit denen sie das Wasser durchsieben können. Einem Vogel kann man also vom Schnabel ablesen, wovon er lebt.

An den Beinen kann man recht gut sehen, wo ein Vogel lebt. Wasservögel haben Schwimmflossen an den Beinen. Die Beine der Stelzvögel sind auffällig lang und die der Bodenvögel, zum Beispiel der Hühner, ausgesprochen kräftig. Manche hervorragende Flieger, etwa die Mauersegler, können mit ihren kleinen, kurzen Beinchen nur noch mühsam krabbeln.

Die unterschiedlichen Flügelformen und -größen eignen sich für das Fliegen in ganz verschiedener Umgebung. Auch an den Flügeln lässt sich daher feststellen, wo sich ein Vogel bevorzugt aufhält.

FOSSILE VÖGEL
Ob der Archaeopteryx der direkte Vorfahre unserer heutigen Vögel ist, kann nicht mit Sicherheit gesagt werden. Einige neuere Funde aus China und der Mongolei machen es wahrscheinlich, dass es zu seiner Zeit auch andere noch vogelähnlichere Saurier gab. Einige der Vögel, die vor etwa 100 Millionen Jahren lebten, hatten noch Zähne, müssen aber sonst ähnlich wie heutige Taucher oder Möwen ausgesehen haben.

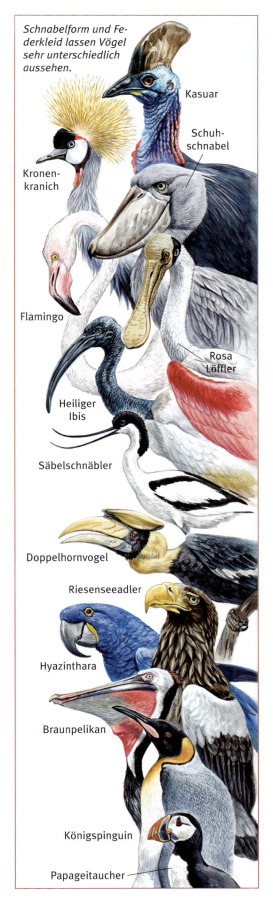

Schnabelform und Federkleid lassen Vögel sehr unterschiedlich aussehen.

Kasuar

Schuhschnabel

Kronenkranich

Flamingo

Rosa Löffler

Heiliger Ibis

Säbelschnäbler

Doppelhornvogel

Riesenseeadler

Hyazinthara

Braunpelikan

Königspinguin

Papageitaucher

ORDNUNGEN DER VÖGEL

Auf der Erde leben zurzeit etwa 9 000 verschiedene Vogelarten. Alle Vögel einer Art bilden eine Fortpflanzungsgemeinschaft. Sie paaren sich und bekommen Junge. Verschiedene Arten vermischen sich im Normalfall nicht. Die verwandten Drosselarten Amsel und Singdrossel werden sich daher, obwohl sie im gleichen Garten leben, zum Aufziehen von Jungen immer einen Partner ihrer Art suchen.

Die ähnlichen oder durch andere Merkmale verwandten Arten werden zu Familien und diese wiederum zu Ordnungen zusammengefasst. Einige dieser Ordnungen umfassen nur wenige Arten, andere dagegen mehrere Hundert und die Singvogelordnung sogar über 5 000. Die hier vorgestellten Ordnungen sind die bekanntesten und artenreichsten.

STRAUSSENVÖGEL (11 ARTEN)

Die größten Vögel sind die Straußen- oder Flachbrustvögel. Ein Straußenhahn ist über zwei Meter hoch und bis zu 150 Kilogramm schwer. Straußenvögel haben kleine Flügel, die sich nicht zum Fliegen eignen. Dafür haben sie aber lange, kräftige Beine, mit denen sie ausgezeichnet laufen können. Die südlichen Kontinente haben jeweils ihre eigenen Arten: Afrika die Strauße, Australien die Kasuare und Emus und Südamerika die Nandus.

Die Hähne der Straußenvögel beteiligen sich wesentlich am Brutgeschäft.

Zwei junge Emus mit dem Vater

PINGUINE (16 ARTEN)

Die flugunfähigen Pinguine sind die am besten an ein Leben im Wasser angepassten Vögel. Nur zum Brutgeschäft und zum Mausern kommen sie an Land. Die meiste Zeit verbringen sie weit draußen im Meer. Pinguine leben ausschließlich auf der Südhalbkugel der Erde. Sie sind aber keineswegs nur in der kalten Antarktis zu Hause. Auch in Südafrika, Südamerika, Australien und Neuseeland gibt es verschiedene Pinguinarten, und der Galapagospinguin lebt sogar auf Höhe des Äquators.

Königspinguine brüten ihr Ei unter einer Hautfalte auf den Füßen aus.

RUDERFÜSSER (57 ARTEN)

Ruderfüßer sind größere Wasservögel, die Fische fangen. Bei ihnen sind alle vier Zehen durch Schwimmhäute verbunden. Die bekanntesten Vertreter sind die Pelikane und Kormorane. Ihren großen breiten Schnabel mit dem weiten Kehlsack können die Pelikane wie einen Kescher benutzen. Zum Fischfang reihen sich oft mehrere Pelikane zu hufeisenförmigen Ketten auf und treiben so Fischschwärme ins flache Uferwasser. Kormorane sind Tauchjäger, die unter Wasser Fische verfolgen und sie mit ihrem an der Spitze hakenartigen Schnabel greifen.

Nach einem Fischzug müssen Kormorane ihr durchnässtes Gefieder trocken.

Rosa Pelikan mit Fisch im Kehlsack

SCHREITVÖGEL (113 ARTEN)

Zu den Schreitvögeln gehören vor allem Reiher und Störche. Es sind zumeist recht große Vögel mit langen Beinen, langen Hälsen und langen Schnäbeln. Sie durchwaten flaches Wasser und greifen mit den Schnäbeln ihre Beute. Reiher sind Lauerjäger, die lange still im Wasser stehen, dann plötzlich zustoßen und einen Fisch herausholen. Störche, zu denen zum Beispiel auch der große afrikanische Marabu gehört, durchtasten mit leicht geöffneten Schnäbeln das trübe Wasser. Sie fangen auch viele Würmer, Insekten und kleinere Wirbeltiere, wie Eidechsen und Mäuse, an Land.

Reiher auf der Lauer

Kuhreiherkolonie

Riesensturmvogel und Wanderalbatros

RÖHRENNASEN (98 ARTEN)

Röhrennasen sind Meeresvögel, die außerhalb der Brutzeit weit über die Ozeane fliegen. Ihre Nasenlöcher sind auf dem Schnabel röhrenartig verlängert – daher auch ihr Name. Die elegantesten Segler unter diesen Vögeln sind die großen Albatrosse mit einer Flügelspannweite von über drei Metern. Sie können tagelang ohne Flügelschlag über das Meer dahinsegeln. Die kleineren Sturmvögel und Sturmtaucher sind ebenfalls ausgezeichnete Flieger. An Land können sie aber nur unbeholfen krabbelnd auf dem Bauch rutschen.

ENTENVÖGEL (146 ARTEN)

Enten, Gänse und Schwäne sind Wasservögel mit einem breiten, kahnförmigen Körper und kurzen Beinen. Dadurch ergibt sich ein mehr oder weniger watschelnder Gang. Die Schnäbel sind zumeist breit und abgeflacht. Schwäne können mit ihren langen Hälsen am Grund von flachen Gewässern die Wasserpflanzen abweiden. Gänse rupfen Gräser und Kräuter an Land. Gründelenten, zu denen auch unsere Hausenten gehören, sieben mit ihren breiten, innen mit Hornleisten versehenen Schnäbeln schwimmend oder gründelnd den Uferschlamm und das seichte Wasser durch. Die rundlichen, gedrungenen Tauchenten holen Wasserpflanzen, Muscheln, Schnecken und andere Wassertiere vom Grund der Gewässer herauf.

Die drei vorderen Zehen der Entenvögel, hier Graugänse, sind durch Schwimmhäute verbunden.

GREIFVÖGEL (226 ARTEN) UND FALKEN (61 ARTEN)

Greifvögel haben als Such- oder Ansitzjäger breite, abgerundete Flügel, mit denen sie segelnd kreisen oder, wie Habichte, wendig zwischen Büschen und Bäumen ihre Beute verfolgen können. Falken haben schmale, zugespitzte Flügel, mit denen sie im freien Luftraum sehr schnell fliegen können. Die besten Segelflieger unter den Greifvögeln sind die Geier. Auf der Suche nach Aas kreisen sie im Aufwind hoch am Himmel.

Mäusebussard

HÜHNERVÖGEL (259 ARTEN)

Hühnervögel leben vorwiegend auf dem Boden, haben kräftige Beine und große Scharrfüße. Ihre Schnäbel sind recht klobig und meist etwas gebogen. Wie Haushahn und -henne sehen die Männchen und Weibchen oft sehr verschieden aus. Die größeren Hähne, zum Beispiel Gold- und Diamantfasane, sind auffallend bunt mit sehr langen, gemusterten Schwanzfedern. Die kleineren Hennen sind dagegen unscheinbar braun mit dunklen Flecken, haben also eine richtige Tarnfärbung.

Henne mit Küken

Unsere Haushühner stammen vom wilden ostasiatischen Bankivahuhn ab.

Graue Kraniche

Möwen, haben gegabelte Schwänze und spitze, dolchartige Schnäbel. Zum Fischfang stürzen sie sich aus dem Flug kopfüber ins Wasser. Die pinguinähnlichen Alken, wie Lummen und Papageitaucher, leben in den kühlen Meeren der Nordhalbkugel der Erde. Sie können gut fliegen und jagen tauchend Fische und andere Wassertiere.

KRANICHVÖGEL (206 ARTEN)

Rallen und Kraniche sind die wichtigsten Vertreter dieser Ordnung. Die Rallen, alle Sumpf- und Wasservögel, haben zum Teil gewisse Ähnlichkeit mit den Hühnern. Die schwarzen Blessrallen mit der auffallenden, weißen Stirnblesse und ihre Verwandten werden daher oft auch als Wasserhühner bezeichnet. Kraniche erinnern mit ihren langen Beinen an Stelzvögel, leben aber vorwiegend auf trockenem Land von Pflanzen und Samen. Unsere Grauen Kraniche versammeln sich zum Schlafen in flachen Gewässern. Hier sind sie vor dem Fuchs und anderen Räubern sicher. Sie brüten gerne im Sumpfwald auf kleinen, trockenen Inseln.

Kammblesshuhn

TAUBEN (304 ARTEN)

Tauben sind eine im Aussehen recht einheitliche Gruppe. Dennoch gibt es in Größe und Färbung beträchtliche Unterschiede. Die Zwergtäubchen aus Südamerika sind gerade so groß wie ein Spatz, die Krontauben aus Neuguinea aber so groß wie ein ausgewachsenes Huhn. Die meisten bei uns vorkommenden wilden Tauben, wie die Ringel- und Türkentaube, sind recht unscheinbar grau oder bräunlich, die in Südostasien in vielen Arten vorkommenden Fruchttauben dagegen ausgesprochen bunt.

Ringeltaubenpaar

SCHNEPFEN-, MÖWEN-, ALKENVÖGEL (329 ARTEN)

Schnepfenvögel werden auch als Watvögel bezeichnet. Sie leben, wie der Große Brachvogel, der Rotschenkel und der Kiebitz, in flachen Uferzonen, Sümpfen und nassen Wiesen. Zu den Möwenvögeln gehören auch die Seeschwalben. Sie sind meistens kleiner als

Küstenseeschwalbe

Uferschnepfe

Papageitaucher

Die großen bunten Arakangas leben im tropischen Südamerika.

Wellensittich

PAPAGEIEN (353 ARTEN)

An einem Wellensittich kann man leicht alle wichtigen Merkmale der lebhaften, intelligenten Papageien beobachten. Der Schnabel ist kurz und dick und der Oberschnabel stark gebogen. Wenn man genau hinsieht, kann man erkennen, dass nicht nur der Unterschnabel nach unten, sondern auch der Oberschnabel nach oben bewegt werden kann. Die Beine sind kurz, sodass die Papageien immer aufgerichtet sitzen. Zwei Zehen zeigen nach vorn und zwei nach hinten. Mit diesem Zangenfuß können Papageien ausgezeichnet klettern, wobei sie oft auch noch den Schnabel zu Hilfe nehmen.

Singender Buchfink

SINGVÖGEL (5355 ARTEN)

Zu den Sing- oder Sperlingsvögeln mit rund 60 Prozent aller Vogelarten gehören die meisten uns täglich umgebenden Vögel.

Lerchen, Schwalben, Drosseln, Meisen, Stare, Finken, Sperlinge und auch Elstern und Krähen sind typische Vertreter dieser Ordnung. Gemeinsam ist allen ein weitgehend gleicher Bau ihres Stimmapparates, die Syrinx, die Form der Sitz- oder Klammerfüße mit drei Zehen nach vorn und einem nach hinten sowie die Anordnung der Federn an Flügel und Schwanz. Die Stimmen spielen bei der Abgrenzung ihrer Wohngebiete und beim Zusammenfinden der Paare eine wichtige Rolle. Daher gibt es unter den Singvögeln auch die begabtesten Sänger.

KOLIBRIS (328 ARTEN)

Die nur in Nord- und Südamerika vorkommenden Kolibris sind die kleinsten Vögel. Der kleinste Kolibri, die winzige Bienenelfe aus Kuba, wiegt kaum zwei Gramm. Alle Kolibris leben hauptsächlich von

Dieses Zwergveilchenohr schillert im Licht wie ein Edelstein.

Blütennektar. Im Schwirrflug stehen sie in der Luft vor der Blüte und stecken ihren feinen langen Schnabel hinein. Ihre dünne Zunge kann aus dem Schnabel weit herausgestreckt werden. Die Spitze der Zunge ist gespalten und die beiden Enden zu feinen Röhren oder Rinnen eingerollt. Mit diesen Zungenspitzen wird der Honigsaft aufgeschleckt.

SPECHTE (216 ARTEN)

Die meisten Spechte sind Klettervögel, die mit ihrem harten Meißelschnabel aus Holz oder unter der Rinde Insekten hervorholen. Ihr gesamter Körperbau ist zum Klettern und Hacken eingerichtet. Die Beine sind kurz und haben Zehen mit spitzen, gebogenen Krallen. Mit den harten und steifen Schwanzfedern kann sich der Specht am Stamm nach hinten abstützen. Der Schnabel der Spechte, mit dem sie festes,

Buntspechte ziehen die Beute mit ihrer langen klebrigen Zunge aus den aufgehackten Gängen hervor.

Wendehals

hartes Holz bearbeiten können, ist, wie beim Schwarzspecht, durch Hornleisten versteift und an der Spitze meißelartig abgeflacht. Auch der bei uns gern in den Löchern alter Obstbäume brütende Wendehals ist ein Spechtverwandter. Er kann aber nicht hacken. Mit dem Schnabel gräbt er die Nester der Ameisen auf und leckt mit seiner langen, klebrigen Zunge bevorzugt deren Larven und Puppen auf.

EULEN (156 ARTEN)

Die vorwiegend bei Nacht jagenden Eulen haben große Augen, die auch bei schwachem Licht sehr leistungsfähig sind. Eulen können dazu noch ausgezeichnet hören. Ihr Gefieder ist weich, was einen fast geräuschlosen Flug erlaubt. Mit den spitzen, gebogenen Krallen greifen und töten sie ihre Beute. Kleinere Beutetiere wie Mäuse werden unzerteilt heruntergeschluckt. Die größte Eule ist der Uhu mit einer Länge von fast 80 Zentimetern und einer Flügelspannweite von bis zu zwei Metern. Die kleinste Eule ist der Elfenkauz aus dem Süden Nordamerikas mit einer Länge von gerade 13 Zentimetern. Der bei uns vorkommende Sperlingskauz ist kaum größer.

Viele Eulen, wie der Uhu, haben auf dem Kopf aufrichtbare Federbüschel, die mit den eigentlichen Ohren jedoch nichts zu tun haben.

Vögel haben den Körperbau ihrer eidechsenähnlichen Reptilienvorfahren zu einer Flugkonstruktion abgewandelt. Der Reptilienkörper ist durch die biegsame Wirbelsäule mit dem langen Schwanz in sich sehr beweglich. Wie ein Flugzeug braucht aber ein Vogel keinen beweglichen, sondern einen starren, stromlinienförmigen Rumpf mit einem möglichst leicht gebauten Gerüst und einer ausgewogenen Gewichtsverteilung. Das tragende Gerüst, das Skelett, besteht aus leichten, teilweise hohlen Knochen. Der Rumpf ist stark verkürzt und die Rumpfwirbelsäule weitgehend starr. Von dem langen Schwanz ist nur noch ein kurzer Stummel miteinander verwachsener Wirbel geblieben. Der Schultergürtel setzt sich aus dem breiten Brustbein, das in seiner Mitte einen großen Kiel trägt, den beiden von ihm ausgehenden Ra-

Wie ist der Vogelkörper konstruiert?

benbeinen, den säbelartig aussehenden Schulterblättern und dem V-förmigen Gabelbein zusammen. Das flache Becken ist mit der Wirbelsäule fest verwachsen. Schultergürtel und Becken ergeben, zusammen mit den von der Wirbelsäule zum Brustbein ziehenden Rippen, einen torpedoförmigen Rumpf.

Die lang gestreckten Vorderbeine sind das Grundgerüst der Flügel. Ober- und Unterarm sind zwar lang, aber sonst nur wenig verändert. Die Hand ist nicht mehr erkennbar. Sie besteht im Wesentlichen aus einem langen Finger. Diese Vorderbeine eignen sich nicht zum Laufen. Sie lassen sich aber zu den Seiten hin weit ausstrecken und so auf und ab bewegen. In der Ruhestellung werden sie zusammengefaltet seitlich am Rumpf gehalten.

Das Bein der meisten auf dem Land lebenden Wirbeltiere besteht aus Oberschenkel, Unterschenkel und Fuß. Bei den Vögeln schließt sich an den Unterschenkel ein weiterer gestreckter Beinabschnitt, der Lauf, an, der gewöhnlich nicht von Federn, sondern von Schuppen bedeckt ist. An dem unteren Ende des Laufs sind die Gelenke für die vier Zehen, von denen normalerweise drei nach vorne gerichtet sind und eine nach hinten zeigt. Durch den Lauf ist es den Vögeln möglich, die Zehen beim Stehen und Gehen unter den Körperschwerpunkt zu bringen und so den Rumpf im Gleichgewicht zu halten. Das Knie der Vögel, also das Gelenk zwischen Ober- und Unterschenkel, ist gewöhnlich von Federn überdeckt und daher nicht zu sehen.

LEICHTE KNOCHEN

Abgesehen von den ausgesprochenen Tauchvögeln, den Pinguinen, Tauchern und Kormoranen, sind bei den Vögeln die großen Röhrenknochen der Flügel und Beine und auch noch andere größere Knochen hohl. Innen sind sie oft durch

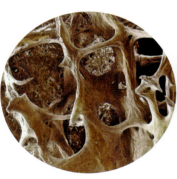

Die Knochen der Vögel sehen von innen schwammartig aus.

feine Knochenstreben verstärkt. Sie sind dadurch sehr leicht und äußerst schwer zu verbiegen. Bei den Vögeln macht das Gewicht der Knochen am Körpergewicht nur acht bis neun Prozent aus, bei den Säugetieren dagegen 20 bis 30 Prozent.

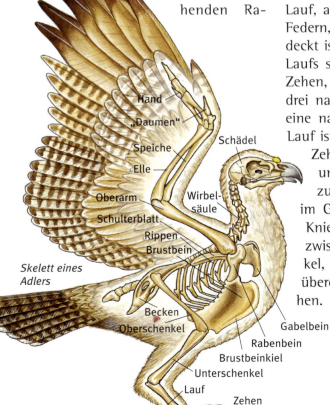

Skelett eines Adlers

Hand
„Daumen"
Speiche
Elle
Oberarm
Schulterblatt
Rippen
Brustbein
Schädel
Wirbelsäule
Becken
Oberschenkel
Gabelbein
Rabenbein
Brustbeinkiel
Unterschenkel
Lauf
Zehen

Wenn man einem Vogel das Gelenk zwischen Unterschenkel und Lauf einknickt, schließen sich die Zehen automatisch, weil dadurch die hinten über das Gelenk laufenden Sehnen verkürzt werden.

Man kann das, wenn man einem Huhn das Bein vorsichtig einknickt, leicht ausprobieren. Ein auf einem Ast hockender Vogel muss sich also nicht

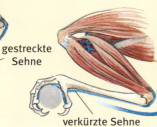

Unterschenkel

gestreckte Sehne

Lauf

verkürzte Sehne

Guter Halt beim Schlaf

krampfhaft festklammern. Der Zehenschließmechanismus sorgt dafür, dass er ohne Kraftanstrengung ruhig schlafen kann.

WENDIGER VOGELHALS

Im Unterschied zur starren Rumpfwirbelsäule ist der oft recht lange Hals der Vögel in alle Richtungen biegbar. Ein Vogel schnellt bei der Jagd nur den Hals vor und kann so mit dem an seinem Ende sitzenden

Mangrovenreiher können ihre Hälse sehr weit strecken.

Schnabel gezielt zufassen. In der Ruhelage ist der Hals S-förmig gekrümmt. Dadurch wird der Kopf also wieder in die Nähe des Schwerpunktes gebracht.

Wie werden Flügel und Beine bewegt?

Wie die Muskeln an einem Vogelkörper verteilt sind, lässt sich gut an einem Brathähnchen erforschen. Die besten Stücke sind die großen Brustmuskeln, die zu beiden Seiten des Mittelkiels am Brustbein sitzen. Die Hähnchenkeulen, also die Muskeln, die von der oberen Hälfte des Unterschenkels und vom Oberschenkel zum Becken ziehen, sind auch gut ausgebildet. Die Muskeln am Rücken, an den Flügeln und den unteren Beinabschnitten sind

dagegen klein. Es fällt auf, dass die großen, schweren Muskeln möglichst nah um den Körperschwerpunkt verteilt sind.

Für den Flügelschlag sind hauptsächlich die Brustmuskeln verantwortlich. Die Sehnen der großen Brustmuskeln verlaufen zum Oberarm. Sie können den Flügel kraftvoll nach unten ziehen. Die unter den großen liegenden kleinen Brustmuskeln können den Flügel, da ihre Zugrichtung am Schultergelenk umgelenkt wird, nach oben heben. Ihre

Rabenbeinkopf
Oberarm
Gabelbein

großer Brustmuskel
kleiner Brustmuskel
Brustbein

Die Flugmuskeln – der große Brustmuskel zum Senken außen und der kleine zum Heben darunter – sitzen am Brustbein.

Sehnen verlaufen über die Köpfe der Rabenbeine wie über Rollen und sind an der Oberseite des Oberarms angeheftet. Auch der Lauf und die Zehen werden über lange Sehnen bewegt. Diese Sehnen gehen vom Ober- und Unterschenkel aus.

Die starken Brustmuskeln der Kanadagans bewegen die Flügel.

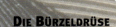

Welche Aufgabe haben die Federn?

Die Feder ist die komplizierteste Bildung der Haut, die es im Tierreich gibt. Sie ist sehr leicht, hält mollig warm, federt elastisch und ist dabei äußerst stabil.

Die Anforderungen, die an die Federn gestellt werden, sind keineswegs an allen Körperabschnitten eines Vogels gleich. Die Federn bilden eine Schutzschicht, die den Vogel gegen alle schädlichen Einflüsse von außen, wie Hitze, Kälte, Nässe und Wind, abschirmt und ihn gegen Wärmeverlust isoliert. Sie machen die Oberfläche der Vögel aber auch glatt und windschlüpfrig. Die Luft kann also ohne großen Widerstand am Vogelkörper entlangstreichen. Aus Federn bestehen auch die Trag-, Antriebs- und Steuerflächen für den Flug. Nicht zuletzt prägen sie das Aussehen der Vögel durch Formen, Farben und Muster.

Federn schützen vor Nässe.

Wie ist eine Feder gebaut?

Federn sind Bestandteile der Hornhaut. Wie unsere Haare und Fingernägel sind sie tote Gebilde aus Hornsubstanz, dem Keratin. Eine typische Feder besteht aus einem mittleren, stabartigen Federschaft und der flächigen Federfahne. Die Fahne wird durch die vom Schaft nach beiden Seiten abzweigenden Federäste und die von den Ästen ausgehenden ganz feinen Federstrahlen gebildet. Nah am Körper ist die Fahne gewöhnlich flauschig

und locker. Sonst sind die Äste mit ihren jeweils zwei Strahlenreihen fest miteinander verbunden. Die einzelnen Äste können aber wie die Hälften eines Reißverschlusses voneinander getrennt und auch wieder zusammengefügt werden. Im Bereich der geschlossenen Fahne sind die beiden am Ast sich gegenüberstehenden Strahlenreihen unterschiedlich gebaut. Die zum Körper hinzeigenden Bogenstrahlen sind flach mit einem rinnenartig gebogenen Rand. Die zur Federspitze gerichteten Hakenstrahlen tragen

DIE BÜRZELDRÜSE

Die meisten Vögel haben auf der Oberseite am Ansatz der Schwanzfedern eine spezielle Wachsdrüse, die Bürzeldrüse. Die Vögel nehmen das dickflüssige Wachs mit dem Schnabel von der Drüsenspitze ab und verteilen es über das Gefieder. Das Wachs dient dazu, die Federn geschmeidig zu erhalten. Es scheint auch gegen Bakterien und Hautpilze wirksam zu sein.

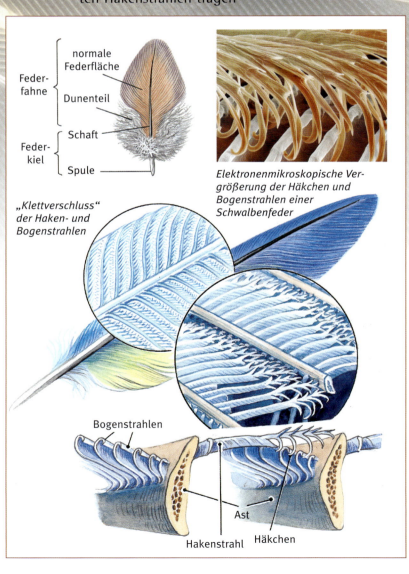

normale Federfläche

Federfahne

Dunenteil

Schaft

Federkiel

Spule

Elektronenmikroskopische Vergrößerung der Häkchen und Bogenstrahlen einer Schwalbenfeder

„Klettverschluss" der Haken- und Bogenstrahlen

Bogenstrahlen

Ast

Hakenstrahl

Häkchen

Uhu

ANORDNUNG DER FEDERN

Am Flügel sind die Federn in Reihen hintereinander gestaffelt. Die äußerste Reihe bilden die großen Hand- und Armschwingen. Zur Vorderkante hin werden die Federn immer kleiner. Dabei nimmt die Schichtdicke der Federlagen zu. Von den Federn wird also nicht nur die Fläche, sondern auch das Profil des Flügels geformt.

BEWEGLICHE FEDERN

Jede Feder kann durch feine Muskeln bewegt werden. Wenn es heiß ist, legen Vögel die Federn eng an. Bei Kälte sträuben sie das Gefieder, um die wärmeisolierende Luftschicht zu vergrößern. Form und Fläche von Flügel und Schwanz können, da sie aus einzelnen, gegeneinander beweglichen Federn zusammengesetzt sind, stark verändert und den verschiedenen Flugbedingungen angepasst werden. Viele Vögel haben besondere Federpartien, zum Beispiel Hauben, lange Schwänze oder Kragen, die sie aufrichten, spreizen und wieder zusammenfalten können.

mehrere scharf gebogene Häkchen. Die Haken der Hakenstrahlen greifen in den gebogenen Rand der Bogenstrahlen des benachbarten Astes und fügen dadurch die einzelnen Äste zur Federfahne zusammen.

Welche Federformen gibt es?

Je nach Lage und Beanspruchung sind Federn recht unterschiedlich gebaut. Die Kontur- oder Deckfedern bilden die äußere Schutzschicht des Körpers. Die Schwungfedern am Flügel und die Steuerfedern am Schwanz sind sehr biege- und reißfest. Die Handschwingen haben eine schmale Außen- und eine breite Innenfahne. Bei den Armschwingen und Schwanzfedern sind beide Seiten weitgehend gleich. Daunenfedern bestehen aus einem lockeren Pinsel von Daunenästen. Sie bilden zwischen der Haut und den deckenden Konturfedern eine Isolierschicht.

Die haarartigen Fadenfedern, die zwischen den Konturfedern sitzen, wirken als Reizüberträger von der gefühllosen Federoberfläche auf die empfindliche Haut. Borstenfedern wachsen vor allem im Schnabelwinkel. Wie die Schnurrhaare der Säugetiere, dienen sie hier zum Tasten. Puderdunen wachsen ständig und zerfallen an ihren Spitzen zu einem ganz feinen Puder, der das Gefieder wie

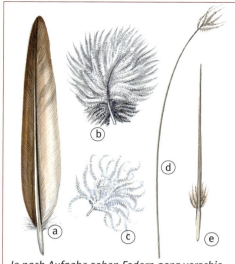

Je nach Aufgabe sehen Federn ganz verschieden aus. Feste Schwungfedern (a) bilden die Tragflächen, lockere Daunenfedern (b, c) isolieren, Faden- (d) und Borstenfedern (e) dienen zum Fühlen und Tasten.

Talkumpuder einstäubt. Sie sind zum Beispiel bei den Tauben, die nur sehr kleine Bürzeldrüsen haben, gut ausgebildet. Ganz ungewöhnlich können die bei vielen Vogelarten vorwiegend am Kopf oder Schwanz ausgebildeten Schmuckfedern aussehen. Bei den Paradiesvögeln kommen draht-, plättchen-, scheiben-, spiral- und noch andersartig geformte Federn vor.

Das Rotkehlchen plustert die Federn auf, um sich vor der Kälte zu schützen.

Kronenkranich mit Federkrone

Die neuen Federn des jungen Rotkehlchens stecken noch teilweise in kleinen Hülsen.

Warum mausern Vögel?

Bei aller Stabilität des Keratins nutzen sich die Federn mit der Zeit doch ab und müssen dann erneuert werden. Der Federwechsel wird Mauser genannt. Da die verschiedenen Federn ganz bestimmte Aufgaben haben, kann ihr Austausch nicht völlig ungeregelt ablaufen. Die verschiedenen Aufgaben des Federkleides müssen während der Mauser möglichst ungestört erhalten bleiben. Die Mauser verläuft daher nach einem festgelegten Schema. Grundsätzlich fällt erst dann eine Feder aus, wenn die benachbarte neue weitgehend herangewachsen ist. Das Federkleid bleibt so nahezu geschlossen. Damit die Vögel immer gut fliegen können, ist es auch wichtig, dass während der Mauser im Flügel keine großen Lücken entstehen. Die Schwungfedern werden daher in einer festgelegten Reihenfolge abgeworfen.

Nicht jede Mauser ist eine „Vollmauser", bei der das gesamte Federkleid ausgetauscht wird. Oft wird nur ein Teil des Gefieders, etwa nur das Großgefieder, die großen Flügel- und Schwanzfedern, oder nur das Kleingefieder, die Körperfedern, erneuert.

Warum sind Federn oft so bunt?

Viele Vögel schmücken sich mit bunten Federn. Diese Federn sind aber zumeist nicht nur gefärbt, sondern dazu noch verschieden gemustert. Sie können auch schimmern, glänzen oder schillern. Gemeinsam bilden sie Farbkontraste und Muster in den fantastischsten Kombinationen.

Die bunten, kontrastreichen Gefiederpartien haben für die Vögel die gleiche Bedeutung wie für uns schicke, auffällige Kleidung. Die Vögel und wir wollen die Aufmerksamkeit der Artgenossen erregen. Normalerweise sind bei den Vögeln die Männchen die „Schöneren". Sie versuchen dadurch, dass sie ihr prächtiges Gefieder aufplustern, spreizen oder in der Sonne schimmern lassen, auf die Weibchen Eindruck zu machen. Wenn ein Pfau sein Rad schlägt oder ein Paradiesvogel kopfüber am Ast hängt und die wehende Schleppe seiner feinen gelben oder roten Flankenfedern wie einen Strahlenkranz um sich breitet, macht das auf die zuschauenden Vogelweibchen sicher erheblichen Eindruck.

Der Allfarblori zeichnet sich durch seine besondere Farbenvielfalt aus.

FLÜGELMAUSER

Für viele Wasservögel ist es günstiger, alle Flügelfedern in möglichst kurzer Zeit gemeinsam zu erneuern. Taucher, Enten und Gänse können daher während der Flügelmauser für einen Monat lang nicht mehr fliegen. Ihre Flügel sind so klein, dass diese Vögel nur richtig fliegen können, wenn alle Federn vorhanden sind.

STABILITÄT

Die Färbung kann eine Feder stabiler machen. Bei den meisten weißen oder sehr hellen Vögeln, zum Beispiel den Möwen, sind die Schwungfedern oder doch zumindest deren Spitzen schwarz. Diese schwarzen Spitzen nutzen sich weit weniger ab als die weißen Bereiche.

Rosa Flamingos

Die rosa Färbung der Flamingos stammt aus ihrer Nahrung. Die kleinen Salinenkrebschen und manche Algen, von denen die Flamingos in den Salzseen bevorzugt leben, enthalten viele Karotinoide, die in die weißen Federn eingelagert werden. Da in Zoos künstlich erzeugtes Karotin in das Futter der Flamingos gemischt wird, sind die Flamingos im Zoo oft röter als in der freien Natur.

Ein balzender Pfau schlägt mit seinen prachtvollen verlängerten Rückenfedern ein Rad.

Die Färbung und Zeichnung kann aber auch als Tarnfärbung den Vogel in seiner Umgebung fast unsichtbar machen. Schneehühner sind im Winter weiß wie der Schnee, im Frühling braun und weiß gefleckt wie tauende Schneeflecke auf braunem Grund; im Sommer sind sie, bis auf die weißen Flügel, tarnfarbenbraun mit dunklen Flecken.

Moorschneehuhn im sommerlichen Tarnkleid

Die Grundlage dieser Schaueffekte sind wenige Farbstoffe und der Feinbau der Federn. Bei den in die Hornsubstanz eingelagerten Farben lassen sich zwei Stoffgruppen unterscheiden. Die hell- bis schwarzbraunen Melanine kann der Körper selbst bilden. Die gelben bis tiefroten Karotinoide müssen von den Vögeln mit der Nahrung aufgenommen werden. Melanine und Karotinoide können in verschiedenster Weise miteinander kombiniert werden. So entstehen bei vielen unserer Singvögel die gelbgrünen bis olivfarbenen Farbtöne aus der Kombination von Gelb mit Braun oder Schwarz.

Eisvogel

STRUKTURFARBEN

Die intensivsten Farbeindrücke der Federn ergeben nicht die Farbstoffe, sondern die sogenannten Strukturfarben. Um sie zu verstehen, ist ein wenig Physik notwendig: Das Sonnenlicht besteht aus Lichtwellen in allen Regenbogenfarben. Wenn nun auf irgendeine Weise ein Teil dieser Wellen ausgeschaltet wird, werden die verbliebenen als Farbe sichtbar. Wird das Licht an unzähligen, kleinsten Teilchen zurückgespiegelt, entsteht ein makelloses Weiß. Beim Schnee sind diese Minispiegel die Eiskristalle und bei der Feder die feinen, stark gegliederten Federstrahlen sowie die luftgefüllten Hornzellen der Äste und des Schaftes. Weiß ist also die Grundfärbung aller Vögel. Blau entsteht durch vielfache Beugung bzw. Streuung von Licht an der Oberfläche kleinster Teilchen. Bei den *Schwarzbauchglanzstar*

Federn sind schwammartige Keratinlagen innerhalb von Federästen für eine solche Blaufärbung verantwortlich. Zusammen mit gelben bis roten Karotinoiden entsteht eine Farbpalette, die vom hellen Gelbgrün bis zum satten Violett reicht. Oft leuchten, wenn sie von einem Lichtstrahl getroffen werden, einzelne Gefiederabschnitte wie Juwelen blau, grün, rot, violett oder sogar golden auf. Kaum hat der Vogel sich gedreht, verändert sich die Farbe oder der Glanz verschwindet. Solche Farberscheinungen treten an lichtdurchlässigen, dünnen Schichten auf, wenn das Licht sowohl an deren Ober- als auch an deren Unterfläche zurückgeworfen wird. An Vogelfedern werden die dünnen, lichtdurchlässigen Schillerflächen durch verbreiterte und abgeflachte Strahlenenden gebildet.

Fliegen, Hüpfen, Laufen, Schwimmen

Bei der Landung zieht der Mäusebussard die Flügel nach oben, der Luftstrom reißt ab.

Warum können Vögel fliegen?

Die Schwerkraft, die uns, so hoch wir auch springen, immer wieder auf den Boden herunterholt, wirkt natürlich auch auf einen Vogel. Er muss also eine Kraft einsetzen, die der Schwerkraft entgegenwirkt. Diese Gegenkraft entsteht an den Flügeln. Ein Vogelflügel ist nicht brettartig flach, sondern nach oben gewölbt. Ein Luftteilchen muss daher, um von der Vorderkante bis an das Ende der Schwingen zu kommen, auf der gewölbten Oberseite des Flügels einen weiteren Weg zurücklegen als an der ausgehöhlten Unterseite. Die Geschwindigkeit des Luftstromes ist also auf der Oberseite höher als auf der Unterseite. Dadurch entsteht auf der Oberseite des Flügels ein Sog und auf der Unterseite ein Druck. Sog und Druck wirken senkrecht nach oben, der Schwerkraft also genau entgegen. Der Sog ist immer die entscheidendere Kraft. Ein Vogel wird also nicht nach oben gedrückt, sondern er hängt wie von einem unsichtbaren Faden gehalten in der Luft.

Die Stärke der sich aus Sog und Druck zusammensetzenden Hubkraft hängt von der Größe und Form der Flügel ab. Wichtig sind auch die Geschwindigkeit, mit der die Luft um den Flügel strömt, und der Winkel, mit dem der Luftstrom auf die Vorderkante des Flügels trifft. Durch die Veränderung dieses Anstellwinkels können Vögel das Ausmaß der Hubkraft in gewissen Grenzen beeinflussen. Wird der Flügel gegen den Fahrtwind zu steil angestellt, reißt der Luftstrom ab, und der Vogel sackt durch. So kann er für die Landung den Flug abbremsen.

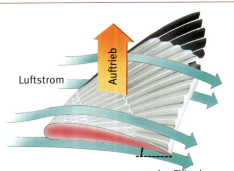

Wenn die Luft den gewölbten Flügel umströmt, wird auf der Oberseite ein Sog und auf der Unterseite ein Druck erzeugt, die den Vogel anheben.

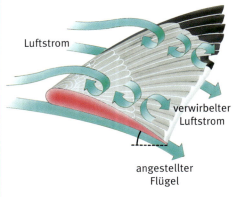

Stellt der Vogel den Flügel an, verwirbelt die Luft über dem Flügel. Dadurch reißt der Luftstrom ab, und der Vogel gleitet nach unten.

FLUGUNFÄHIGE VÖGEL

Große Laufvögel wie Strauß, Emu, Kasuar und Nandu sind flugunfähig. Sie sind zum Fliegen zu schwer. Auch auf vielen Inseln, auf denen Vögel kaum Gefahren ausgesetzt waren, gibt es Vögel, die im Laufe der Entwicklung die Flugfähigkeit verloren haben. Besonders zahlreich sind unter ihnen die Rallen.

Strauße erreichen „zu Fuß" Geschwindigkeiten von bis zu 50 Kilometern pro Stunde.

Flügelstellungen beim Flug eines Buchfinks

Wie fliegen Vögel?

GEWICHTSGRENZE

Es scheint bei Vögeln für das Fliegen eine Gewichtsgrenze zu geben, die etwa bei 15 bis 20 Kilogramm liegt. Die Muskelleistung steigt mit zunehmender Größe nicht gleichförmig an. Die Flugmuskeln der kleinen Vögel sind daher im Verhältnis zu ihrem Körpergewicht weit leistungsfähiger als die der großen.

Die einfachste Form des Fliegens ist das Gleiten. Der Vogel springt von einem hohen Baum oder Felsen ab und gleitet schräg abwärts. Er benutzt dabei die nach unten ziehende Schwerkraft als Antrieb. Der bei dem Fall an den Flügeln entlangstreichende Fahrtwind erzeugt einen Hub, der den Fall abbremst. Je besser die Auftriebseigenschaften der Flügel sind, umso weiter kann der Vogel gleiten. Wenn er nun noch zusätzliche, nach oben wirkende Kräfte wie warme, aufsteigende Luft oder kräftige Winde ausnutzt, kann er ohne Flügelschlag in der Luft segeln.

Um stabil segeln zu können, muss ein Vogel zumindest die Größe und das Gewicht einer Krähe haben. Die kleineren Vögel und alle Vögel, die verhältnismäßig kleine Flügel haben, müssen, wenn sie in der Luft bleiben und vorwärtskommen wollen, kräftig mit den Flügeln schlagen. Diese Art zu fliegen nennt man Schlagflug.

Ein Flügel besteht aus zwei Abschnitten. Die an der Hand mit dem langen Finger sitzenden Handschwingen bilden den Handflügel und die vom Unterarm ausgehenden Armschwingen den Armflügel. Der Armflügel wird, da er näher am Körper ist, nur wenig auf und ab bewegt. Der Fahrtwind erzeugt hier, wie beim Gleiten, überwiegend Sog und Druck. Dieser Flügelabschnitt ist also beim Schlagflug für den Auftrieb verantwortlich. Der Handflügel mit den langen, wie Propellerblätter geformten Handschwingen wird weit stärker nach unten geschlagen. Er erzeugt daher vorwiegend Vortrieb. Steuern können Vögel entweder, indem sie die Flügel verschieden schnell und kräftig bewegen, oder dadurch, dass sie einen Flügel stärker zusammenfalten als den anderen und ihn so kleiner machen. Daneben dient der Schwanz bei vielen Vögeln als Steuerruder.

SEGELN IM AUFWIND

Geier starten am Morgen immer erst, wenn die Sonne den Boden so weit erwärmt hat, dass die Luft nach oben steigt. Sie schrauben sich in einem Thermikschlauch bis über 1000 Meter in die Höhe und gleiten dann abwärts in die nächste Aufwindzone. Hier steigen sie wieder auf usw. Auf diese Weise können sie mühelos mehrere Hundert Kilometer zurücklegen.

Geier haben lange, breite Flügel, mit denen sie weite Strecken gleiten.

Kranich
Elster
Sperber
Mäuse-bussard

FLIEGEN AUF DER STELLE

Fast alle kleinen Singvögel können kurze Zeit auf der Stelle fliegen. Sie müssen dazu den Flügel so abwärts schlagen, dass vorwiegend Auftrieb entsteht. Größere Vögel, etwa die Seeschwalben oder der Turmfalke, stellen den Körper gegen den Wind und fliegen mit schnellen, rüttelnden Flügelbewegungen gerade so, dass ihr Vortrieb und der Rücktrieb des Gegenwindes sich ausgleichen. Kolibris können sogar wie ein Hubschrauber vorwärts, rückwärts, aufwärts, abwärts und seitwärts fliegen. Der Propelleranteil des Flügels, der Handflügel,

Kolibri

ist bei ihnen besonders lang und der Tragflächenanteil, der Armflügel, kurz. Beim Schwirrflug auf der Stelle bewegen sie ihre Flügel wie ein Fahnenschwenker. Die Flügelspitze beschreibt dabei eine liegende Acht. Sowohl beim Schlag nach vorn als auch beim Schlag mit umgedrehtem Flügel nach hinten werden die Flügel so bewegt, dass ihre Vorderkante von Luft angeströmt wird. Beim Vor- und Rückschlag wird also gleichmäßig Auftrieb, ein Hubstrahl, erzeugt. Dieser Hubstrahl kann durch Verstellen der Schlagrichtung in verschiedene Richtungen gelenkt werden.

Kurze, runde Flügel machen den Flug von Elster und Sperber wendig.

Welche Flugeigenschaften haben Vögel?

Die Flugeigenschaften eines Vogels werden vorwiegend von der Flügelform bestimmt. Zum schnellen Fliegen eignen sich die schmalen, spitz zulaufenden Flügel am besten, wie sie Falken oder Mauersegler besitzen. Runde, breite Flügel machen einen sehr wendigen Flug möglich. Solche Flügel haben die meisten Vögel, die geschickt zwischen Büschen und Bäumen herumfliegen. Viele der Singvögel, zum Beispiel die Sperlinge oder Elstern, und auch die im Wald jagenden Greifvögel, wie Sperber und Habicht, besitzen solche runden Flügel. Unter den Segelfliegern haben Vögel, die in schwachen Aufwinden segeln, also die Bussarde, Adler, Geier und auch Störche, große, breite, vorne abgerundete Flügel. Die Flügel der im starken Seewind segelnden Möwen, Sturmvögel und Albatrosse sind dagegen lang, schmal und spitz.

Wie starten und landen Vögel?

Wie ein Flugzeug sein Fahrgestell, brauchen Vögel ihre Beine zum Starten und Landen. Den guten Fliegern genügt es, wenn sie sich zum Starten mit den Beinen einfach vom Boden oder Ast abschnellen. Die schlechteren Flieger brauchen einen längeren Anlauf. Die großen, schweren Schwäne müssen mit schlagenden Flügeln klatschend weit über das Wasser rennen, bis sie sich schließlich in die Luft erheben können. Beim Landen kommen sie mit erheblichem Schwung herunter und benutzen die vorgestreckten Ruderfüße dazu, sich rauschend auf dem Wasser abzubremsen.

Schwarzbrauen-Albatros

Silber-möwe

LERCHE ODER SPATZ?

In manchen Städten gibt es auf großen Parkplätzen oder anderen Freiflächen Haubenlerchen. Sie sind ebenso klein und graubraun wie Spatzen. Trotzdem kann man die beiden schon von Weitem leicht auseinanderhalten. Läuft der Vogel mit schnellen, trippelnden Schritten, so ist es eine Haubenlerche, hüpft er dagegen, so ist es ziemlich sicher ein Spatz.

Singschwäne sind so schwer, dass sie zum Starten einen langen Anlauf brauchen.

Wie bewegen sich Vögel am Boden?

Vögel, die sich vorwiegend am Boden aufhalten, laufen. Vögel, die zumeist im Gezweig der Bäume leben, hüpfen. Die meisten Bodenvögel haben recht lange Beine, mit denen sie große Schritte machen können. Noch länger sind die Beine der Stelzvögel, etwa der Störche und Reiher, die im flachen Wasser und auch durch hohes Gras und Kraut waten. Die Beine der Klettervögel sind dagegen kurz, da sie den Körper nah am Stamm oder Zweig halten müssen. Spechte hüpfen am Stamm aufwärts. Wollen sie wieder herunter, müssen sie rückwärts hüpfen oder fliegen.

Wie bewegen sich Vögel im Wasser?

Schwimm- und Tauchvögel brauchen Ruder, um vorwärtszukommen. Bei Enten und vielen anderen Wasservögeln sind dazu die Zehen durch Schwimmhäute verbunden. Manchmal sind sie auch, wie bei dem Haubentaucher, durch seitliche Schwimmlappen verbreitert. Stoßen die Beine nach hinten, sind die Ruderflächen zwischen den Zehen aufgespannt. Beim Vorziehen werden die Zehen zusammengelegt,

Bei den Pinguinen sind aus den Flügeln Flossen geworden, mit denen sie nicht in der Luft, sondern im Wasser „fliegen".

sodass möglichst wenig Widerstand entsteht. Taucher und Tauchenten, zum Beispiel Eiderenten, benutzen ihre Schwimmflossen auch dann, wenn sie unter Wasser schwimmen. Lummen und andere Alkenvögel, die den Pinguinen ähnlich sehen, aber im Gegensatz zu ihnen fliegen können, rudern beim Tauchen mit ihren kleinen Flügeln.

Specht

Spechte stützen sich beim Klettern mit dem Schwanz ab. Kleiber können sogar kopfüber abwärts klettern.

Kleiber

Nahrung und Stoffwechsel

Was fressen Vögel?

Vögel zeigen eine unglaubliche Vielfalt in der Ernährungsweise. Es gibt kaum ein Nahrungsangebot, das sie nicht nutzen. Da sie beim Fliegen viel Energie verbrauchen und außerdem noch möglichst leicht sein müssen, ist es wichtig, dass die Nahrung nährstoffreich ist und wenig unverdauliche Ballaststoffe enthält. Es gibt daher viele Vögel, die Früchte und Samen fressen, aber nur wenige, die mit Gras und Blättern auskommen können. In Insekten, Fleisch und Fisch sind die Nährstoffe stark konzentriert. Sie sind daher die bevorzugte Vogelnahrung, wobei sich die „Speisezettel" der einzelnen Arten aber durchaus unterscheiden.

Welche Vögel fressen Pflanzen?

Es gibt nur einen Vogel, der ganz überwiegend von Blättern leben kann: der Hoatzin, der an den bewaldeten Ufern der Flüsse im tropischen Südamerika lebt. Sein Kropf, in dem die Blätter wie im Magen einer Kuh durch Bakterien aufgeschlossen werden, ist so groß,

Hoatzine leben in den Wäldern Südamerikas.

dass das Brustbein, der Ansatz der Flugmuskeln, zurückgebildet wurde.

Gänse, Kraniche und manche Singvögel ernähren sich ebenfalls hauptsächlich von Pflanzen. Sie rupfen nährstoffreiche Gräser und Kräuter und picken Samen auf. Viele fressen aber auch Würmer und Insekten.

Besonders in den Tropen, wo Früchte das ganze Jahr über zu haben sind, stellen diese ein reiches Nahrungsangebot. Die Artenvielfalt der Fruchtfresser, zum Beispiel Fruchttauben, Papageien, Tukane und Nashornvögel, ist hier sehr groß.

Eine weitere bedeutsame pflanzliche Nahrungsquelle ist der Blütennektar, von dem sich außer Kolibris auch Nektarvögel, Honigfresser und Loris ernähren.

ALLESFRESSER

Allesfresser, wie Krähen, Elstern und Möwen, ernähren sich ebenso von Samen, Beeren und Früchten wie auch von Insekten, Würmern, kleinen Wirbeltieren, Aas und allen möglichen Abfällen. Möwen sammeln und fangen an der Küste Fische und andere Meerestiere, fressen aber auch alles, was an toten Tieren und Müll an den Strand gespült wird. Wenn sie auf den Feldern dem pflügenden Traktor folgen, sammeln sie Würmer und Insekten und fangen auch Mäuse. Außerhalb der Brutzeit bevölkern sie in großen Scharen die Müllplätze.

NAHRUNGSWECHSEL

Die meisten Singvögel, die als Erwachsene Samen und Früchte bevorzugen, ziehen ihre Jungen mit Insekten auf. Manche Vögel ändern im Verlauf des Jahres je nach Angebot ihre Nahrung. Stare leben bis in den Sommer hinein von Insekten und Würmern. Wenn dann aber Kirschen oder Weintrauben reifen, machen sie sich in großen Schwärmen über diese Früchte her.

Blaustirnamazonen ernähren sich von Früchten, Nüssen und Samen.

Bienenfresser ernähren sich, wie ihr Name schon sagt, von Insekten.

AASFRESSER

Auf der Suche nach Nahrung kreisen Geier hoch am Himmel. Sie warten darauf, dass ein Raubtier Beute gemacht hat. Gleich gleiten die Geier herab und versammeln sich rings um den Schauplatz. Sobald der Räuber satt ist und das Feld räumt, werden die Reste unter Geflatter und Gekreisch zerpflückt und heruntergewürgt. Geier können auch Knochen und harte Haut mit Haaren verdauen. Riesensturmvögel, große Raubmöwen, Marabus und Raben gehören ebenfalls zu den Aasfressern.

> **Welche Vögel fressen tierische Nahrung ?**

Das Fleisch anderer Tiere ist nahrhafter und auch leichter zu verdauen als Pflanzen. Es ist also nicht erstaunlich, dass Vögel in ihrer Mehrzahl tierische Nahrung zu sich nehmen. Meisen, Laubsänger und viele andere kleine Singvögel sammeln Insekten von Pflanzen und vom Boden ab. Fliegenschnäpper starten von einem Ansitz und schnappen vorbeifliegende Insekten aus der Luft. Segler, Nachtschwalben und Schwalben jagen die Insekten im Flug. Sie haben einen kurzen, breiten Schnabel, den sie weit öffnen können. Sie fischen damit die fliegenden Insekten aus der Luft.

Der Seeadler greift mit seinen Krallen einen Fisch aus dem Wasser.

Viele der Schnepfenvögel sind darauf spezialisiert, Insekten oder Würmer aus dem Boden zu holen. Sie haben lange Schnäbel, die an ihren Spitzen sehr tastempfindlich sind. Mit diesen Schnäbeln stochern sie im Boden herum. Wenn sie einen Wurm ertastet haben, können sie diesen wie mit einer Pinzette im Boden greifen, ohne dazu den ganzen langen Schnabel öffnen zu müssen.

Greifvögel fangen je nach ihrer Größe verschiedene Säugetiere, Vögel und Fische. Fischadler und Seeadler greifen die dicht an der Wasseroberfläche schwimmenden Fische mit ihren stark gebogenen spitzen Krallen. Ebenso machen es die Fischeulen, die ganz ähnlich gebaute Füße haben.

PLANKTON

Im Wasser leben sehr viele winzige Krebschen, Insektenlarven, Würmchen und Algen, das sogenannte Plankton. Auch diese Nahrungsquelle wird von Vögeln genutzt. Enten, die mit ihren flachen Schnäbeln die Wasseroberfläche durchseihen, haben an den Schnabelinnenrändern feine, reusenartige Hornleisten. Auch die dicke Zunge hat solche Leisten. Zusammen bilden sie einen wirksamen Filterapparat, mit dem die kleinen Tierchen aus

Flamingos beim Durchseihen des Wassers

dem Wasser gesiebt werden können. Flamingos halten den Kopf umgekehrt mit dem Oberschnabel nach unten in das Wasser. Ihre Zunge arbeitet dabei wie ein Pumpenkolben. Die Schnabelränder sind bürstenartig mit feinen Hornstiften besetzt. Wird das Wasser in den Schnabel eingesogen, legen sich diese „Bürstenhaare" nach innen um. Die Nahrungstierchen und Algen können also hindurchkommen. Wenn das Wasser durch die Zunge herausgepresst wird, richtet sich die Bürste wieder auf, und die Nahrungsteilchen bleiben in der Reuse hängen. Sie werden dann mit der Zunge zum Schlund befördert.

Einige Vögel lassen lieber andere für sich fischen und jagen. Das Schmarotzen ist besonders bei Greifvögeln, Falken und Möwen verbreitet. Ganz ausgesprochene „Wegelagerer" sind die Schmarotzerraubmöwen und die Fregattvögel. Die Schmarotzerraubmöwen haben es besonders auf Papageitaucher abgesehen. Sobald die Raubmöwe einen von ihnen entdeckt, der von See her mit dem Schnabel

Ein Fregattvogel attackiert einen Tölpel.

voller Fische eiligst seiner Bruthöhle mit dem Jungen darin zustrebt, stürzt sie sich auf ihn und belästigt ihn so lange, bis er die Fische fallen lässt. Der Räuber fängt die Fische oft schon in der Luft auf. Genauso machen es die Fregattvögel mit den Tölpeln. Tölpel tragen den Fisch aber nicht im Schnabel, sondern sicher verwahrt in ihrem Kehlsack. Die Fregattvögel stoßen im Flug schonungslos immer wieder auf die armen Tölpel herunter und können sie dabei mit ihrem langen, vorne mit einem spitzen Haken bewehrten Schnabel durchaus verletzen. Um schneller davonzukommen, würgen die Tölpel die Fische schließlich aus, die dann meist bereits in der Luft von den Angreifern geschnappt werden.

Da Vögel keine Zähne haben,

Wie kauen Vögel?

können sie auch nicht kauen. Die Nahrung wird erst im Magen zerkleinert. Der Magen besteht aus zwei Abschnitten: dem Drüsenmagen, in den die Speiseröhre mündet, und dem Kaumagen. Im Drüsenmagen werden Verdauungssäfte gebildet. Die Wände des anschließenden Kaumagens bestehen aus starken Muskeln. Innen ist er mit einer harten Schicht ausgekleidet. Mithilfe von Steinchen, die die Vögel herunterschlucken, werden die Körner oder Insekten im Magen zerquetscht und zerrieben und mit den Verdauungssäften durchmischt.

Bei vielen Vögeln ist die Speiseröhre vor dem Drüsenmagen zu einem Kropf erweitert. Dieser Kropf kann, zum Beispiel bei den Hühnern und Tauben, dazu dienen, die auf-

gepickten Körner zu speichern und in gleichmäßigen Portionen an den Magen abzugeben. Der Kropf kann aber auch Transportbehälter sein. Die Reiher oder Kormorane tragen in ihm die gefangenen Fische zu ihrem Nest und würgen sie dort für ihre Jungen wieder aus.

Die inneren Organe

Luftröhre
Lunge
Hoden
Niere
Speiseröhre
Dickdarm
Kropf
Kloake
Herz
Leber
Vormagen
Bauchspeicheldrüse
Brustbeinkiel
Magen
Dünndarm

GEWÖLLE

Unverdauliche Nahrungsbestandteile werden von Vögeln als Gewölle oder Speiballen wieder ausgewürgt. Zum Beispiel schlucken Eulen ihre Beute unzerteilt herunter. Ihre Gewölle, kleine, längliche, meist gräulichbraune Gebilde, enthalten Haare, Federn und Knochen der Beutetiere. Am Strand findet man oft Häufchen kleiner Muschelstücke. Sie stammen meist von Möwen, die die Muscheln im Magen zerrieben und die Schalenstückchen dann als Speiballen wieder ausgewürgt haben.

Speiballen einer Krähe

KOT UND HARN

Ein Häufchen Vogeldreck besteht meist aus einem gräulichen oder grünlichen Klecks, der teilweise mit einer weißen Schicht bedeckt ist. Das Dunkle ist der Vogelkot, also die Verdauungsüberreste. Das Weiße ist der Vogelurin, der bei den Vögeln als konzentrierte, breiige Harnsäure ausgeschieden wird. Der Harnleiter und der Enddarm münden bei den Vögeln zusammen vor dem After in der sogenannten Kloake. Der feste Urin spart den Vögeln viel Wasser.

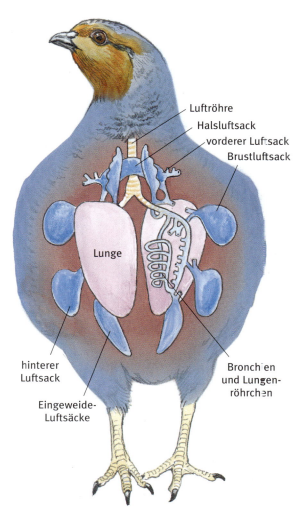

Wie atmen Vögel?

ENERGIEVERSORGUNG

Das Transportsystem, das den Sauerstoff und die Nährstoffe zu den Muskeln transportiert, muss bei Vögeln besonders gut funktionieren, da die beim Fliegen kräftig arbeitenden Muskeln schnell und reichlich versorgt werden müssen. Die Transportwege sind die Adern und die Transportfahrzeuge die Blutkörperchen. Der Blutkreislauf wird durch ein kräftiges und im Vergleich zu Säugetieren großes Herz angetrieben. Das Herz eines Sperlings ist ungefähr doppelt so groß wie das einer gleichschweren Maus.

Da Vögel beim Fliegen viel Energie verbrauchen, müssen ihre Lungen sehr leistungsfähig sein. Denn den Sauerstoff, den sie einatmen, benötigen sie, um die Nahrung in Energie für die Muskelbewegung und die Körperwärme umzuwandeln. Erstaunlicherweise sind Vogellungen aber klein. Trotzdem ist ihre innere Oberfläche, an der Sauerstoff vom Blut aufgenommen und Kohlendioxid aus dem Blut abgegeben wird, etwa 10-mal so groß wie bei einem gleich großen Säugetier. Das liegt daran, dass die Vogellunge völlig anders gebaut ist.

Die Luftröhre teilt sich in zwei Äste, die Hauptbronchien, die jeweils eine Lunge versorgen. Vom Hauptbronchus zweigen Rücken- und Bauchbronchien ab, die den Lungenkörper oben und unten einfassen. Dieser Lungenkörper setzt sich aus sehr dünnen Röhren, den Parabronchien, zusammen, die die Rücken- und Bauchbronchien miteinander verbinden. Die Wände der Parabronchien bestehen aus einem ineinander verwobenen Geflecht von sehr feinen Äderchen und luftgefüllten Röhrchen. Hier findet der Gasaustausch statt, also die Übernahme von Sauerstoff in das Blutgefäßsystem und die Abgabe von Kohlendioxid in die Bronchien.

Die Bronchien stehen mit den Luftsäcken in Verbindung, die wie Blasebälge wirken. Die dünnwandigen Luftsäcke kleiden alle Hohlräume im Vogelkörper aus und ziehen sogar bis in die großen Knochen hinein. Die meisten Vögel haben sechs Luftsäcke. Die hinteren Luftsäcke werden beim Einatmen direkt mit Luft gefüllt. Die Luft, die

Die Vogellunge ist ein kompliziertes Organ, das hervorragend an den hohen Energiebedarf der Vögel angepasst ist.

in die vorderen Luftsäcke gelangt, hat schon die Lunge durchströmt. Beim Ausatmen fließt die Luft aus den großen hinteren Luftsäcken durch die Lunge und die aus den vorderen hauptsächlich direkt in die Bronchien. Da die Luft beim Ein- und Ausatmen von den Rücken- zu den Bauchbronchien gepresst wird, strömt sie in der Lunge immer nur in eine Richtung. Die Abschnitte der Luftsäcke, die in die großen Knochen ziehen, haben mit der Atmung nichts zu tun. Sie verdrängen bei der Entwicklung das Mark aus den Knochen. Die Knochen sind dadurch hohl und leicht.

Die Sinne

Für die Vögel, die sich mit hoher Geschwindigkeit durch die Luft bewegen, ist das Auge das wichtigste Sinnesorgan. Vogelaugen

Welches ist das wichtigste Sinnesorgan?

sind immer sehr groß, auch wenn äußerlich nicht so viel davon zu sehen ist. Sie nehmen die ganze vordere Kopfhälfte ein und sind voneinander nur durch eine dünne Knochenwand getrennt.

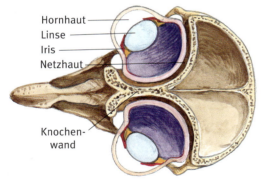

Die Augen im Vogelschädel

Hornhaut
Linse
Iris
Netzhaut

Knochenwand

Vögel können sehr langsame Veränderungen wie den Lauf der Sonne, aber auch blitzartig schnelle Bewegungen gezielt verfolgen. Greifvögel sehen besonders scharf, Eulen haben sehr lichtempfindliche Augen, und Schnepfen brauchen

den Kopf nicht zu bewegen, um die gesamte Umgebung ringsum zu überschauen.

Wohl alle Vögel können Farben erkennen; sonst wären viele selbst nicht so bunt. Da sie im Unterschied zu uns auch Ultraviolett wahrnehmen können, sehen sie ihre Umwelt wahrscheinlich noch bunter als wir.

Eule

Taube

Waldschnepfe

Die Blickfelder von Vögeln sind unterschiedlich. Die Zonen des einäugigen Sehens sind hellblau und die des beidäugigen Sehens dunkelblau dargestellt.

Vögel verständigen sich untereinander, oft über große Entfernungen, durch Rufe und Gesänge. Sie können also bestimmt gut hören. Die Ohröffnungen liegen seitlich am Kopf unter lockeren Federn, die den Schall ungemindert durchlassen. Die Spanne zwischen den höchsten und tiefsten Tönen, die ein Vogel noch hören

Wie gut können Vögel hören?

Vogelaugen können weit vorn sitzen, wie beim Uhu, oder auch seitlich, wie bei Tauben und Schnepfen.

GLEICHGEWICHTSSINN

Bei Vögeln ist der Teil des Innenohres, der für das Gleichgewicht zuständig ist, besonders groß und leistungsfähig. Da sie sich äußerst schnell in alle Richtungen des Raumes bewegen, müssen sie immer genau wissen, wo oben, unten, rechts und links ist.

kann, ist wohl etwas enger als bei uns. Dafür können aber viele Vögel schnelle Tonfolgen besser auseinanderhalten und weit feinere Tonunterschiede erkennen. Wenn man das Rufen, Quarren und Piepsen in einer großen Pinguin- oder Lummenkolonie gehört hat, ist es fast unvorstellbar, dass sich die vom Meer mit Futter zurückkehrenden Altvögel und

Kiwi

GUTER RIECHER

Der flugunfähige Kiwi aus Neuseeland verlässt sich überwiegend auf seinen Geruchssinn. Mit seinem langen Schnabel, an dessen Spitze sich die Nasenlöcher befinden, erschnüffelt er die unter der Laubstreu versteckte Beute. Wenn er bei Nacht nach Nahrung suchend durch das dichte Unterholz des Waldes wandert, sind die Schnüffelgeräusche deutlich zu hören.

Das Tastempfinden vieler Vogelschnäbel ist weit besser als unser Fingerspitzengefühl.

Selbst im Lärm der Königspinguinkolonie finden Eltern und Junge einander immer wieder.

die Jungen in diesem Stimmengewirr gegenseitig an den Stimmen erkennen können.

Auch das Richtungshören ist bei Vögeln oft erstaunlich genau. Eulen sind zum Beispiel in der Lage, ihre Jagdbeute, die Mäuse, zielgerichtet mit den Ohren zu orten. An ihrem Kopf sind die großen Ohröffnungen verschieden ausgerichtet. Dadurch entstehen im linken und rechten Ohr unterschiedliche Hörbilder. Diese Unterschiede können die Eulen im Gehirn, wie mit einem Computer, zu einer millimetergenauen Richtungsangabe umrechnen.

Die Nasenlöcher der Vögel sind gewöhnlich kurz vor dem Beginn des Kopfgefieders auf beiden Seiten des Oberschnabels zu finden. Nur wenige Vögel können aber nachweislich gut riechen. Enten und Gänse erkennen sich wahrscheinlich am Geruch und können vielleicht auch die Futterpflanzen nach ihrem Duft unterscheiden. Möglicherweise spielen solche Gerüche auch bei einigen Singvögeln eine Rolle.

Können Vögel riechen?

Hasen und Rehe können Menschen oder andere mögliche Feinde auf große Entfernungen riechen. Vögel können das nicht. Sie merken es auch nicht am Geruch, wenn man ihre Nester oder Jungen angefasst hat.

Im Unterschied zum Geruchssinn spielt der Tastsinn bei Vögeln eine sehr wichtige Rolle. Am Grunde der Konturfedern stehen feine, haarartige Fadenfedern, die mit sehr tastempfindlichen Nervenendigungen in der Haut verbunden sind. Über diese Tastborsten fühlt der Vogel, ob sein Federkleid in Ordnung ist. Beim Fliegen kann er mit ihnen die Luftströmung an seinem Körper registrieren. An der Schnabelspitze und den Schnabelrändern, an den Beinen und an vielen anderen Stellen des Körpers sind kleine, höchstempfindliche Tastkörperchen konzentriert. Mit den Tastkörpern der Beine können die Vögel leichteste Schwingungen des Untergrundes wahrnehmen.

Wie fein ist der Tastsinn der Vögel?

Das Vogeljahr

Die Amselhähne und die anderen Singvogelmännchen singen vermutlich, um ganz bestimmte Signale auszusenden.

Warum singen Vögel?

Zu den ersten Frühlingsboten gehört der Gesang der Amseln oder Schwarzdrosseln. An milden Abenden ist ab Ende Februar ihr melodisches Flöten zu hören. Dieser Gesang besteht aus einer Reihe wohlklingender Strophen und endet oft mit gepressten, schnirpsenden Lauten. Wiederholungen kommen in ihm kaum vor. Der Gesang einer anderen Drossel, der Singdrossel, klingt zwar ähnlich, für ihn sind aber mehrfache Wiederholungen der einzelnen Strophenteile ganz typisch. Man kann also die beiden Drosselarten an ihrem Gesang gut auseinanderhalten. Die Amselmännchen in den Gärten und Anla-

gen singen von bestimmten, immer wieder aufgesuchten „Singwarten". Zumeist sind es einzeln stehende Bäume und Büsche oder die Spitze eines Hausgiebels, also Stellen, von denen aus sie gut in der Umgebung zu hören sind. Wenn früh am Morgen, noch vor Sonnenaufgang, das erste Amsellied ertönt, fallen bald ringsum die Nachbarn in den Gesang ein. Dabei wird man es nie erleben, dass zwei Amseln singend, dicht nebeneinander auf einem Ast sitzen. Die einzelnen Sänger sind in größeren Abständen fast gleichmäßig über die Gärten verteilt. Jedes dieser Vogelmännchen hat sein eigenes Wohngebiet, sein Territorium, das es gegen die Nachbarn verteidigt. Das wichtigste und schonendste Mittel zu dieser Verteidigung ist der Gesang. Wenn ein Amselhahn singt, heißt das also: „Hier wohne ich, und kein anderer hat hier etwas zu suchen!" Damit die anderen Amseln das auch verstehen, unterscheidet sich der Amselgesang deutlich von dem aller anderen Singvögel. Außerdem hat jedes Männchen seine besonderen Gesangseigenheiten, sodass für die angrenzenden Nachbarn völlig klar ist, mit wem sie es zu tun haben.

Das durch den Gesang verteidigte Gebiet will der Sänger aber durchaus nicht für sich allein haben. Es soll der Wohnort für seine Familie werden. So erhält der Gesang noch eine zweite Bedeutung. Die Amselweibchen werden durch ihn angelockt – ist da doch ein Männchen, das anscheinend einen sicheren Brutplatz zu bieten hat.

DIE SYRINX

Der Stimmapparat der Vögel, die Syrinx, liegt dort, wo sich die Luftröhre in die zwei Hauptbronchien teilt. Die Luftröhre und die Bronchien sind durch Knorpelringe versteift. Im Bereich der Syrinx sind zwischen ihnen dünnere Häute, sogenannte Membranen, vorhanden, deren Spannung durch äußere und innere Muskeln verändert werden kann. Wenn die Membranen im Luftstrom schwingen, entstehen Laute.

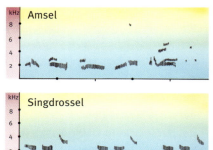

Sonagramme zeigen, dass sich der Gesang von Amsel und Singdrossel deutlich unterscheiden.

SICHTBARER GESANG

Mit dem Sonagraph und neuerdings noch besser mit Computerprogrammen lassen sich die Klangeigenschaften von Vogelgesängen bildlich darstellen. Es stellte sich dadurch heraus, dass nicht nur Amsel und Singdrossel verschieden singen, sondern sich auch einzelne Amselmännchen in ihrem Gesang unterscheiden.

Fregattvögel locken ihre Weibchen bei der Balz mit dem leuchtend roten Kehlsack.

BESTIMMUNGSMERKMAL

Da der Gesang jeder Vogelart für sie bezeichnend ist, lassen sich durch ihn auch Vögel auseinanderhalten, die fast gleich aussehen. Bei uns gibt es einige solcher sehr ähnlicher Artenpaare, zum Beispiel Fitis und Zilpzalp, Wald- und Gartenbaumläufer. Die Gesänge der Männchen sind bei ihnen, zumindest in der freien Natur, die wichtigsten Unterscheidungsmerkmale.

Sumpfmeise

Weidenmeise

Sumpfmeise und Weidenmeise sind fast nur durch ihren Gesang auseinanderzuhalten.

Wie kommt es zur „Vogelhochzeit"?

Bevor sich ein Amselpaar zum Brüten verpaart, muss es sich zuerst richtig kennenlernen. In einem Weibchen, das sich in seinem Territorium blicken lässt, sieht das Männchen zunächst auch nur einen Störenfried und geht daher drohend auf es los. Das Weibchen droht aber nicht zurück und

zeigt damit seine friedliche Absicht an. Damit die beiden dann eine feste Bindung eingehen können, sind ganz bestimmte Verhaltensweisen notwendig, die oft noch von Lauten begleitet werden. Diese in einer bestimmten Reihenfolge vorgeführten Bewegungsabläufe nennt man „Balz".

Bei den Amseln verläuft die Balz wenig aufwendig. Zuerst jagen die beiden zukünftigen Brutpartner noch wechselseitig über kurze Strecken hintereinander her. Bald bleibt das Weibchen aber sitzen, und das Männchen tut nur noch so, als wolle es angreifen. Schließlich beginnt das Männchen damit, dem Weibchen imponierend den Hof zu machen. Mit gefächertem Schwanz, aufgeplustertem Brustgefieder, leicht hängenden, zitternden Flügeln und vorgestrecktem Hals stolziert es um das Weibchen herum

---

BALZ

Allgemein kann man sagen, dass dort, wo die Vogelmännchen viel bunter und prächtiger als die Weibchen aussehen, die Männchen in Konkurrenz untereinander die abenteuerlichsten Balztänze aufführen. Die Kampfläufermännchen, die alle unterschiedlich gefärbte Hauben und Kragen tragen, führen auf bestimmten Balzplätzen flatternd Scheingefechte aus. Dieses bunte Geflatter lockt die Weibchen herbei, die sich aus der Schar der Kämpfer einen Bräutigam aussuchen, nach der Paarung den Balzplatz aber wieder allein verlassen.

Aber auch wenn beide Geschlechter sich nicht unterscheiden, ist es oft nötig, dass sie sich durch gemeinsame Balzhandlungen gegenseitig kennenlernen und aufeinander einstimmen. Bei den Haubentauchern ist das in jedem

Haubentaucher vollführen während der Balz regelrechte Paartänze.

Frühjahr zu sehen. Beide Partner des Paares machen dabei die gleichen Bewegungen. Sie schütteln mit den Köpfen, tun so, als würden sie sich putzen, heben sich senkrecht aus dem Wasser und paddeln so eine Strecke dicht nebeneinander her; eine kurze Zeit stehen sie auch aufrecht Brust an Brust.

und lässt dabei ständig ein leises „Ziep" hören. Das Weibchen verhält sich zunächst recht zurückhaltend. Das ganze Getue scheint es überhaupt nichts anzugehen. Erst nach einiger Zeit, wenn die Angriffslust und die Vorsicht durch gegenseitiges Kennen und Vertrauen überwunden sind, fordert das Weibchen in leicht geduckter Haltung zur Paarung auf. Jetzt ist das Paar so weit miteinander vertraut und aufeinander eingespielt, dass es darangehen kann, eine Familie zu gründen.

Amselnest aus Halmen

Schwalbennest aus Lehm

Beutelmeisen fertigen ein frei hängendes, geschlossenes Beutelnest an.

Nester schützen die Vogeleier und sorgen vor allem dafür, dass beim Brüten möglichst wenig Wärme verloren geht.

Warum und wie bauen Vögel Nester?

Sobald sich ein Amselpaar gefunden hat, beginnt es in dem vom Männchen besetzten Territorium mit der Nistplatzsuche. Während er leise singend von Ast zu Ast hüpft, untersucht sie alle versteckten, geschützten Winkel und Nischen. Die dichten Nadelbäume sind besonders beliebt, aber auch Hecken und Kletterpflan-

Amseln polstern ihr Nest mit Gras und feinen Wurzeln aus.

zen an Hauswänden, ebenso alle nur möglichen Ecken und Höhlen an Gebäuden. Hat sich das Paar für einen Nistplatz entschieden, beginnt das Weibchen sofort mit dem Nestbau. Zuerst trägt es kleine Zweige und dickere Grashalme herbei. Auf diese grobe Unterlage kommt dann ein feinerer Aufbau aus dünnen Halmen, Wurzeln, Moos und trockenem Laub. Wenn dieser Haufen groß genug ist, setzt sich das Weibchen obendrauf und beginnt, mit den Beinen nach hinten strampelnd und sich dabei drehend, die Nestmulde zu formen. Die mit der Brust ringsum schön abgerundete und fest gepresste Muldenwand wird anschließend mit feuchter Erde ausgestrichen. Schließlich folgt ein weiches Polster aus ganz dünnen Würzelchen und Hälmchen. Zum Bau dieses Nestes braucht das Weibchen im Allgemeinen nur wenige Tage.

Bei den Singvögeln sind die offenen, napfförmigen Nester, wie sie das Amselweibchen baut, weitverbreitet. Das Baumaterial, die Auspolsterung und natürlich die Größe sind jedoch so verschieden, dass man in vielen Fällen daran feststellen kann, von welcher Vogelart das Nest stammt.

BODENBRÜTER

Es gibt auch Vögel, die kein richtiges Nest bauen. Kiebitze, die auf feuchten Wiesen brüten, scharren eine flache Mulde, die höchstens dürftig mit einigen Halmen ausgelegt wird. Wie sie verzichten auch

Kiebitz an seinem Bodennest

Möwen und andere am Boden brütende Vögel oft auf größere Nester. Nester, die sich von der Umgebung abheben, wären im freien Gelände viel zu auffällig.

Einige Vogelarten bauen geschlossene Nester. Das Zaunkönignest ist eine Kugel aus Blättern, Zweigen, Halmen und Moos mit einem seitlichen Eingang. Mehlschwalben mauern mit Schlamm unter einem Vorsprung eine Halbkugel an die Hauswand. Ganz oben bleibt nur ein kleines Flugloch offen.

Viele Vögel brüten nicht frei, sondern in Höhlen. Die Spechte zimmern sich diese Höhlen selbst. Die Meisen, Kleiber und Stare müssen sich natürliche Baumhöhlen suchen oder in Nistkästen einziehen.

Die Anzahl der Eier in einem Gelege ist darauf abgestimmt, wie groß normalerweise die Verluste sind und wie viele Junge die Eltern problemlos versorgen können. Lummen, die dicht beieinander in steilen Felswänden an der Küste brüten, werden dort nur wenig belästigt. Sie legen meist nur ein Ei. Tauben

müssen ihre Jungen in den ersten Lebenstagen mit einer in ihrem Kropf gebildeten Nährflüssigkeit, der Kropfmilch, füttern. Für mehr als zwei Junge reicht diese Kropfmilch jedoch nicht. Möwen sind wehrhafte Vögel, die ihre Gelege mit zwei bis drei Eiern gut verteidigen können. Die Drosseljungen leben in dem offenen Nest gefährlich. Drosseln haben daher jeweils nur so viele Junge, wie sie in einem möglichst kurzen Zeitraum großfüttern können. Dagegen sind die sieben bis zwölf Eier und Jungen der Meisen in den Höhlen gut geschützt. Da sie sich also nicht so beeilen müssen, können Höhlenbrüter mehr Junge aufziehen als Freibrüter. Die am Boden brütenden Rebhühner haben sehr viele Feinde. Sie können die hohen Verluste nur durch sehr große Gelege mit bis zu 20 Eiern ausgleichen.

Von unseren heimischen Vögeln haben Rebhühner die größten Gelege.

BRUTKOLONIEN

Einige Vögel brüten nicht weit verstreut in der Landschaft, sondern eng beieinander in Brutkolonien. Der Vorteil einer Brutkolonie besteht darin, dass sich die Vögel gegenseitig auf gute Nahrungsangebote aufmerksam machen können. Außerdem entdecken viele Augen einen Feind eher als wenige, und in der Masse sind sie vor ihm auch sicherer. Einer der Hauptgründe für die oft sehr großen Seevogelkolonien wird das begrenzte Platzangebot sein. Nicht jeder Küstenabschnitt eignet sich zum Brüten.

Wie viele Eier legt ein Vogel?

WEBERVÖGEL

Sehr kompliziert konstruiert sind die geschlossenen Nester der in Afrika und Südasien beheimateten Webervögel. Sie bestehen gewöhnlich aus einer beutelförmigen Nestkammer, an die eine nach unten zeigende Eingangsröhre angebracht ist. Die Vögel weben diese Nester aus Pflanzenfasern und Grasblättern. Zuerst hängen sie einen Ring aus Fasern an einen Ast, der dann zum runden Brutbeutel ergänzt wird. Die eine Seite bleibt zunächst offen. Sie wird dann so weit ausgebaut, dass ihre Öffnung nach unten gerichtet ist. Diese Öffnung wird schließlich zu der langen Eingangsröhre verlängert. Wie Versuche mit isoliert aufgezogenen Webervögeln gezeigt haben, können diese Vögel, sobald man ihnen geeignetes Nistmaterial gibt, ohne dass sie jemals ein Nest gesehen haben, alle nötigen Handlungen und Verhaltensweisen in der richtigen Reihenfolge ausführen. Den Vögeln ist also das Nestbauverhalten angeboren, sie müssen es nicht erst von ihren Eltern lernen.

Kurzflügelweber

Haubentaucher

Kiebitz

Ringeltaube

Lachmöwe

Kohlmeise

Goldammer

Waldkauz

Haussperling

Vogeleier in verschiedenen Formen und Größen

legen, und fast kugelrunde, die für Eulen typisch sind. Die Eier der Kiebitze und anderer Watvögel laufen auf einer Seite kegelförmig spitz zu, die der Tauben sind dagegen auf beiden Seiten fast gleich rund.

Zwischen den Eiern gleich großer Vögel können erhebliche Größenunterschiede bestehen. Das Gewicht einer Lachmöwe und einer Straßentaube beträgt jeweils um 350 Gramm. Das Ei der Lachmöwe ist mit 35 Gramm aber fast doppelt so schwer wie das Taubenei, das nur 17 Gramm wiegt. Das Taubenjunge ist ein Nesthocker, die kleine Lachmöwe dagegen ein Nestflüchter.

Tauben, Eulen und viele Vögel, die in Höhlen brüten, legen weiße Eier. Die Eier der Singvögel mit offenen Nestern sind gewöhnlich hell grünlich oder bräunlich mit dunklen Punkten, Flecken oder Schnörkeln. Kiebitz- und Möweneier und die Eier der meisten anderen Bodenbrüter haben eine ausgezeichnete Tarnfärbung. Sie sind oft dem Untergrund so gut angepasst, dass sie auch aus nächster Nähe kaum zu entdecken sind.

> **Sehen alle Vogeleier gleich aus?**

Der Inhalt eines Eis ist überall der gleiche, die äußere Eiform, die Eigröße und die Eifärbung sind jedoch bei den verschiedenen Vogelarten recht unterschiedlich. Es gibt lange dünne Eier, wie sie zum Beispiel Haubentaucher

NICHT STÖREN!

Bei anscheinend ganz ruhig auf dem Nest sitzenden Vögeln wird, sobald sich ein Mensch oder ein anderer möglicher Feind nähert, der Herzschlag ganz schnell. Dieses starke Herzklopfen zeigt, dass die Tiere sehr große Angst haben. Man sollte daher brütende Vögel so wenig wie irgend möglich stören.

EIAUFBAU

In einem Ei ist alles, was ein Jungvogel zu seiner Entwicklung braucht. Die äußere, schützende Kalkschale ist von vielen feinen Poren durchbrochen, sodass dem heranwachsenden Vögelchen Sauerstoff aus der Luft zur Verfügung steht. Die Schale ist von innen mit einer folienartig dünnen Haut ausgekleidet. Eigentlich sind es zwei Häute, die am stumpfen Ende des Eis voneinander getrennt sind und die Luftkammer einschließen. An einem gekochten Ei ist das gut zu erkennen. Weil Wasser aus dem Ei verdunstet und von dem Vogelembryo Nährstoffe verbraucht werden, wird die Luftkammer während der Bebrütung

immer größer. Das Innere des Eis ist mit dem wasserklaren Eiklar gefüllt, in dem die gelbe Dotterkugel schwimmt. Sie wird von verfestigten Eiklarsträngen, den Hagelschnüren, die zu den beiden Enden, den Polen, ziehen, in der Mitte des Eis gehalten. Wenn das Ei befruchtet wurde, ist auf dem Dotter als heller Punkt die kleine Keimscheibe erkennbar, aus der während der Brut das Vogeljunge entsteht. Der Dotter, der viel Fett und Eiweiß enthält, ist die Hauptnahrungsquelle des Keimlings. Das Eiklar, das den Dotter umgibt, liefert neben Eiweiß vor allem Wasser.

Keimscheibe

Eiklarstränge

Eiklar

Kalkschale

Luftkammer

Hagelschnur

Dotter

*Getarnte Eier des Sand-
regenpfeifers*

KUCKUCK

Nicht alle Vögel brüten ihre Jungen selbst aus. Das Kuckucksweibchen legt jeweils ein Ei in die Nester verschiedener Singvögel. Der kleine Kuckuck schlüpft meist eher als seine Nestgeschwister. Gleich beginnt er damit, die Eier der Pflegeeltern und eventuell schon geschlüpfte Junge mit dem Rücken über den Nestrand zu stemmen. Er gibt erst Ruhe, wenn er allein im Nest sitzt.

Wenige Stunden nachdem das Amselnest fertig ist, kann darin schon das erste bläulichgrüne, dicht rostrot gesprenkelte Ei liegen. Täglich legt das Weibchen nun ein weiteres hinzu. Ein Amselgelege besteht gewöhnlich aus vier oder fünf Eiern.

Wenn das dritte Ei gelegt ist, fängt das Amselweibchen an zu brüten. Es kuschelt sich tief ins Nest, sodass die Eier von seinem Körper völlig bedeckt werden. Von unten sind die Eier durch das gepolsterte Nest gut isoliert. Von oben werden sie durch die Körperwärme des brütenden Vogels aufgeheizt. Auf der Brust des Amselweibchens fallen vor dem Brutbeginn die Daunenfedern aus. Es bildet sich ein nahezu nackter Brutfleck, der dafür sorgt, dass die Körperwärme ohne große Verluste auf die Eier übertragen werden kann. Damit alle Eier gleichmäßig erwärmt werden, wendet und schichtet sie das Amselweibchen regelmäßig mit dem Schnabel um.

Bei den Meisen und vielen anderen Vögeln lösen sich Weibchen und Männchen beim Brüten ab. Dadurch können die Eier pausenlos warm gehalten werden. Das Amselmännchen lässt das Weibchen allein brüten. Es sitzt in der Nähe, verteidigt singend sein Brutterritorium und passt auf,

dass sich keine Katzen, Elstern oder andere Nesträuber unbemerkt heranschleichen können. Zeternd warnt es sein Weibchen vor jeder sich nähernden Gefahr. In der Nacht sitzt das Weibchen die ganze Zeit auf dem Nest. Am Tage unterbricht es das Brüten häufiger, aber immer nur kurz, um sich Nahrung zu suchen.

Amselweibchen beim Bebrüten der Eier

Das Amselweibchen muss 13 bis 15 Tage brüten. Auch die Brutzeit der meisten anderen Singvögel dauert etwa zwei Wochen. Während der ersten Tage sind die kleinen Keime in den Eiern noch gegen Kälte recht unempfindlich. Je weiter sich die Vögelchen entwickeln, umso gefährlicher wird es für sie, wenn die Eier abkühlen.

Das Kuckucksei im fremden Nest fällt durch die Größe und die Färbung auf.

Der Jungkuckuck stemmt die anderen Eier aus dem Nest.

Der große Jungkuckuck wird von den „Pflegeeltern" gefüttert.

Der Eizahn auf dem Schnabel hilft, das Ei zu knacken.

Nach kurzer Zeit ist das Küken trocken.

Zunächst hebt das Küken den Deckel der Schale ab.

Mit viel Kraft stemmt es die Schale auseinander.

Schließlich hat es sich aus der Schale befreit.

Wie schlüpfen Vogelküken aus dem Ei?

Schließlich ist es so weit, dass die Jungen aus dem Ei herauswollen. Das Durchbrechen der Eierschale ist Schwerstarbeit. Ohne die beiden „Spezialeinrichtungen", die jedes Vogeljunge mitbekommt, ginge das wohl gar nicht. Auf der Schnabelspitze sitzt ein harter Höcker, der Eizahn, und am Nacken ist ein starker Muskel ausgebildet, mit dem der Eizahn fest gegen die Schale gepresst werden kann. So wird die Eierschale von innen ringsum dünn geschabt, bis sich die Eierkappe löst und abgesprengt werden kann. Dann arbeitet sich das Junge mit den Beinen schiebend und mit den Flügelchen stemmend aus der Eierschale ins Freie.

Junge Amseln sind zunächst fast nackt. Nur auf dem Kopf und Rücken stehen locker lange, hellgraue Daunenfedern. Die Augen sind geschlossen und die hellgelben Schnabelränder wulstartig verdickt. Wenn sie den Schnabel aufsperren, leuchtet der gelbe Rachen auf.

Wie werden die Jungen satt?

Für die Amseleltern beginnt nun die schwerste Zeit des Jahres. In den ersten Lebenstagen können die Vogeljungen noch nicht genug eigene Körperwärme erzeugen. Die Mutter muss sie ausdauernd hudern, das heißt: wärmend auf ihnen sitzen. Der Vater trägt in dieser Zeit fast allein das Futter herbei. Sobald er am Nest landet, strecken sich unter der Mutter auf dünnen Hälschen die kleinen Köpfe mit den weit aufgesperrten Schnäbeln hervor. Dazu ist ein zartes Zirpen, der Bettellaut, zu hören. Auch wenn der Amselvater es überhaupt nicht wollte – die Wirkung

VORSORGE

Die Eierschalen strahlen innen verräterisch weiß. Um keine Feinde auf das Nest aufmerksam zu machen, tragen die Eltern die Eierschalenhälften weit fort und lassen sie erst dann fallen. Man kann daher häufig auf dem Rasen oder im Gebüsch leere Eierschalen finden. Sie zeigen, dass irgendwo in der Nähe vor Kurzem kleine Vögelchen geschlüpft sind.

Sobald der Vater mit Futter erscheint, strecken die hungrigen Kleinen den weit offenen Schnabel hoch.

ENTSORGUNG

Wo vorne viel hereingestopft wird, kommt auch hinten wieder viel heraus. Wenn die Altvögel nach dem Füttern das Nest wieder verlassen, haben sie oft ein weißes Päckchen im Schnabel. Diese kleinen Kotpakete, die sie ihren Jungen vom Hinterteil abnehmen, lassen sich, da sie von einer feinen Hülle umgeben sind, gut wegtransportieren. So bleibt das Nest immer sauber.

Star mit Kotpaket

NESTHOCKER UND NEST-FLÜCHTER

Vogeljunge, die noch recht unvollkommen aus dem Ei schlüpfen und daher längere Zeit im Nest bleiben müssen, nennt man Nesthocker. Für viele am Boden brütende Vögel, zum Beispiel Rebhühner, Stockenten und Kiebitze, wäre eine so lange Entwicklungszeit zu gefährlich. Ihre Jungen verlassen das Nest kurz nach dem Schlüpfen und werden deswegen Nestflüchter genannt.

der signalgelben Rachen ist auf ihn so stark, dass er geradezu gezwungen wird, die mitgebrachten Raupen, Schnaken oder Regenwürmer dort hineinzustecken.

Die jungen Vögel kennen ihre Eltern zunächst nicht. Sie reagieren auf jede leichte Erschütterung des Nestes durch dieses Betteln, das man „Sperren" nennt. Bald sperren sie aber erst, wenn sie die Eltern an den leisen Lockrufen erkannt haben.

Amseleltern kommen vom frühen Morgen bis zur Abenddämmerung etwa alle fünf Minuten mit Futter zum Nest. Bei den Meisen, die eine weit größere Kinderschar zu versorgen haben, ist fast in jeder Minute ihres etwa sechzehnstündigen „Arbeitstages" einer der beiden Elternvögel mit Futter am Bruthöhleneingang zu sehen.

Wenn das Wetter warm und nicht

Wann verlassen die Vogeljungen das Nest?

zu trocken ist, können die alten Amseln reichlich Futter heranschaffen. In den ersten zwei Wochen verzehnfachen die Jungen ihr Gewicht von sechs auf über 60 Gramm. Wenige Tage nach dem Schlüpfen beginnen die Federn an den kleinen Flügeln zu sprießen. Nach etwa zwei Wochen ist der klei-

Gänseküken verlassen schon kurz nach dem Schlüpfen das Nest. Sie schwimmen und suchen ihr Futter selbst.

ne Körper ganz mit Federn bedeckt. Jetzt, im Alter von 13 bis 14 Tagen, hält die Kleinen nichts mehr im Nest. Sie können zwar gerade erst ein bisschen Flattern, aber ihre Beine sind schon kräftig und zum Hüpfen und Klettern gut zu gebrauchen. Man sollte meinen, sie wären auch jetzt noch viel besser im warmen Nest aufgehoben. Das ist aber nicht der Fall. Die in offenen Nestern brütenden Vögel versuchen, die gefährliche Nestlingszeit möglichst kurz zu halten. Entdeckt ein Räuber das Nest mit den Jungen, sind gleich alle verloren. Verstecken sich die Kleinen aber einzeln, ist die Chance viel größer, dass einige am Leben bleiben. Ein kleines Vogelkind, das anscheinend hilflos am Boden herumhüpft, ist meistens keineswegs von den Eltern verlassen. Man sollte es nicht aufnehmen, sondern in Ruhe lassen. Durch leise Lockrufe macht es

In nur zwei Wochen wird aus einem nackten, blinden Jungen ein kleiner, befiederter Spatz.

1 Tag alt   *3 Tage alt*   *6 Tage alt*   *8 Tage alt*   *2 Wochen alt*

Eine kaum flügge Wacholderdrossel lässt sich füttern.

Gänsesäger lassen ihre Jungen auch mal auf dem Rücken mitreisen.

die Alten auf sich aufmerksam, die es sicher finden und versorgen.

Wenn die Jungamseln etwa drei Wochen alt sind, können sie richtig fliegen. Nun sind sie auch fast so groß wie die Eltern und unterscheiden sich von dem schwarzen Vater und der graubraunen Mutter nur noch durch ihr braunes, hell geflecktes Gefieder. Ihnen ist angeboren, nach allem zu picken, was wie ein Wurm oder Käfer aussieht. Was gut und was schlecht schmeckt, müssen sie aber erst lernen. Die Eltern zeigen es ihnen nicht. Im Alter von einem Monat müssen die Amseljungen dann ganz selbstständig sein. Oft hören die Eltern, wenn sie mit einer zweiten Brut beginnen, noch eher mit dem Füttern auf.

HÖHLENBRÜTER

Die Jungen der geschützt in Bruthöhlen oder Nistkästen brütenden Meisen können fast eine Woche länger als die Am-

Blaumeisen in ihrer „Höhle"

selkinder im Nest bleiben. Wenn sie 18 bis 20 Tage nach dem Schlüpfen das Nest endgültig verlassen, können sie schon richtig fliegen und sind knapp zwei Wochen später völlige Selbstversorger. Das trifft auch auf die meisten anderen Höhlenbrüter zu.

SCHUTZ DER JUNGEN

Wenn junge Greifvögel und Eulen das Nest verlassen haben und noch in der Nähe unselbstständig auf einem Ast hocken, können die besorgten Eltern recht angriffslustig sein, um ihre Jungen zu verteidigen. Mancher harmlose Spaziergänger ist schon von einem Waldkauz oder Bussard angegriffen worden.

Junge Waldohreulen werden von den Eltern beschützt.

Die weniger wehrhaften Vogeleltern warnen ihre Jungen mit ganz bestimmten Lauten vor Gefahren, und die Jungen verschwinden dann schnell in einem Versteck. Nestflüchter, etwa kleine Kiebitze, kauern sich auf den Warnruf hin flach auf den Boden. Da sie ein tarnfarbenes Daunenkleid tragen, sind sie dann so gut wie unsichtbar. Die Eltern versuchen dazu noch, den Feind von den Jungen abzulenken. Unbeholfen, als ob sie einen Flügel gebrochen hätten, flattern sie vor ihm her und fliegen, sobald sie ihn weit genug fortgelockt haben, plötzlich kerngesund davon.

Der Fasan ist dem Kiebitzgelege zu nahe gekommen. Daher wird er vom Kiebitz angegriffen.

GEBURTENRATE UND STERBLICHKEIT

Ein Amselpaar zieht zweimal im Jahr vier Junge auf. Von diesen acht Jungen sind im Durchschnitt die eine Hälfte Weibchen und die andere Hälfte Männchen. Wenn alle am Leben blieben, ergäbe das also im nächsten Jahr mit den Eltern fünf Amselpaare, die insgesamt 5 x 8 = 40 Junge hätten. Im Jahr darauf wären es 20 neue und fünf ältere Paare, also 25, die es dann auf 25 x 8 = 200 Junge brächten. Nach fünf Jahren, so alt kann eine Amsel gut werden, hätten die mittlerweile 625 Paare zusammen 5000 Junge. Würden nicht viele von ihnen sterben, wäre die Erde nach wenigen Jahrzehnten von Amseln völlig überdeckt.

Im Winter sollte nur bei strenger Kälte zugefüttert werden.

Was machen Vögel im Herbst?

Wenn die Jungamseln nicht mehr auf die Eltern angewiesen sind, schließen sie sich zu kleinen, lockeren Gruppen zusammen, die in dichten Hecken oder Nadelbäumen gemeinsame Schlafplätze aufsuchen. Gegen Ende des Sommers verschwinden immer mehr dieser jungen Amseln aus unseren Städten. Sie machen sich auf die Wanderschaft aus dem nun zunehmend kühl und unfreundlich werdenden Deutschland in die angenehmeren Gegenden des südlichen Europa.

Die meisten alten Amseln bleiben auch den Winter über bei uns. Nur wenn es sehr kalt werden sollte und der Hunger zu groß wird, fliegen auch sie weiter nach Südwesten in die etwas wärmeren Küstengebiete der Niederlande, von Belgien und Nordfrankreich. Einige bleiben aber auch dann noch zu Hause und kommen an die Futterhäuser.

Warum nimmt die Zahl der Vögel nicht ständig zu?

Einen harten Winter überstehen nur die kräftigsten und widerstandsfähigsten Vögel. Auch eine reichliche Fütterung, die ohnehin nur wenigen Arten nützt, kann daran nicht viel ändern. Aber auch nach einem milden Winter, in dem viele Amseln zu Hause geblieben sind, also keine weite, gefährliche Reise unternommen haben, sind im nächsten Frühling nicht sofort mehrere Amselpaare in unserem Garten. Aus einem gewöhnlichen Garten mit Büschen, einigen größeren Bäumen und einer Rasenfläche kann sich bestenfalls ein Amselpaar mit seinen Jungen versorgen. Es ist

Die Würmer eines Gartens reichen nicht für die Versorgung mehrerer Amselfamilien.

also ganz natürlich, dass immer ein erheblicher Anteil der Jungen stirbt, bevor er zum Brüten kommt. Gewöhnlich werden nur aus zehn Prozent der jährlich gelegten Eier schließlich erwachsene Vögel. Elstern können das Amselnest ausrauben. Die Jungen können verhungern, weil die Alten in einer Zeit mit sehr kaltem oder sehr trockenem Wetter nicht genug Futter finden. Viele erwachsene Amseln verunglücken auf dem Zug oder kommen im Winter um. Das sind zwar traurige, aber ganz natürliche, eingeplante Verluste, die dafür sorgen, dass die Zahl der Amseln in unseren Gärten immer auf einer ungefähr gleichen Höhe bleibt und gerade so groß ist, dass alle im nächsten Frühling auch einen Nistplatz finden und sich wie ihren Nachwuchs ausreichend ernähren können.

Vogelzug

Stare sammeln sich für den Zug in den Süden.

Was sind Standvögel und Zugvögel?

Die meisten unserer Vögel verlassen uns im Herbst. Allgemein gilt die Regel, dass alle Vögel hier bleiben können, also Standvögel sind, die bei uns im Winter noch ausreichend Futter finden. Alle anderen, die Zugvögel, müssen in den warmen Süden ziehen. Standvögel sind vor allem Körnerfresser, wie die Sperlinge und Finken, und solche, die sich auf Körnerfutter umstellen können, wie die Meisen. Unter den Zugvögeln finden sich hauptsächlich die Insektenfänger. Fliegen, Mücken und Schmetterlinge schwirren bei uns im Winter nicht herum. Die Schwalben, die diese Tierchen in der Luft fangen, müssen also, wenn es kühler wird, eine lange Reise über Europa, das Mittelmeer und die Sahara hinweg bis ins tropische Afrika unternehmen. Für einen so kleinen Vogel ist das schon eine erstaunliche Leistung.

Grünfinken sind Standvögel. Sie ernähren sich im Winter von Körnern oder auch wilden Früchten.

Was sind Teilzieher?

Bei den Amseln gibt es richtige Zugvögel, die im Herbst fortziehen und erst im Frühling aus dem warmen Winterquartier zurückkehren, aber auch Strichvögel, die ihre Heimat nur verlassen, wenn es dort zu ungemütlich wird, und schließlich echte Standvögel, die ständig in ihrem Brutgebiet bleiben. Im Norden, zum Beispiel in Schweden, sind fast alle Amseln Zugvögel. In Deutschland bleiben schon viele Amseln den Winter über im Lande. Sie sind also Teilzieher. Am Mittelmeer sind alle Amseln Standvögel. Ganz ähnliche Verhältnisse finden sich bei einer ganzen Reihe anderer Vogelarten. Der Wandertrieb dieser Vögel scheint sich also nach den Klima- und damit auch Ernährungsbedingungen ihres Wohngebietes zu richten. Es ist aber nicht so, dass jeder dieser Vögel frei entscheiden kann, ob er nun wegziehen oder hier bleiben will. Das Zugverhalten ist ihm angeboren. Das Verhältnis von Zug- und Standvögeln in einer Teilziehergemeinschaft wird sich daher entsprechend den äußeren Bedingungen verändern. Milde Winter begünstigen Standvögel, die früher die Wohngebiete besetzen und früher mit

Gänse am Rastplatz im Oderbruch

RASTGEBIETE

Auf dem Zug fliegen viele Vögel ganz bestimmte Rastgebiete an, die ihren Ansprüchen nach Ungestörtheit, Nahrungsangebot und Sicherheit genügen. Eines der größten dieser Gebiete ist der Nationalpark Wattenmeer. Hier sammeln sich auf dem Frühjahrs- und Herbstzug fast alle Wat- und Entenvögel, die im hohen Norden Skandinaviens und Westsibiriens brüten. Aber auch im Binnenland gibt es solche Rastgebiete an großen Seen und auf weitem, feuchtem Wiesen- und Weideland. Diese Gebiete sind für die dort rastenden Vögel lebensnotwendig. Ohne sie könnten sie die weite Reise nicht überstehen. Es ist daher unsere Pflicht, ihnen diese Gebiete zu erhalten.

Viele große Zugvögel, wie diese Kanadagänse, ziehen in einer Formation. Dadurch sparen sie Energie.

TREIBSTOFF

Viele kleine Zugvögel können bis zu 2000 Kilometer und mehr ohne Unterbrechung zurücklegen. Das ist ihnen nur möglich, weil sie vorher reichlich „Treibstoff" getankt haben: Bevor sie auf die Reise gehen, fressen sie sich ein dickes Fettpolster an. Sie sind danach oft fast doppelt so schwer wie zuvor. Dieses Fett reicht gewöhnlich für einen bis über 100 Stunden dauernden Flug. Das Fett dient nicht nur als Brennstoff für die Muskeln, sondern auch zur Wasserversorgung, da bei seiner „Verbrennung" neben Kohlendioxid auch Wasser entsteht.

Durch das Beringen kann diese Amsel eindeutig identifiziert werden.

der Brut beginnen können. Nach harten Wintern sind Zugvögel im Vorteil. So gleichen sich die Vor- und Nachteile über eine längere Zeit aus, und die gesamte Vogelgemeinschaft wird durch kurzzeitige hohe Winterverluste oder Gefahren auf dem Zug und in den Winterquartieren wenig beeinflusst.

Schwalben und alle anderen Zugvögel brauchen gar nicht zu wissen, dass es bald kalt wird. Sie haben von Geburt an eine automatisch laufende „innere Uhr" mitbekommen, die ziemlich genau ihren Tages- und Jahresablauf steuert. Auch wenn man Zugvögel unter ganz gleich bleibenden Bedingungen hält, werden sie im Spätsommer unruhig. Sie hüpfen herum und schwirren mit den Flügeln. Diese sogenannte Zugunruhe hört wieder auf, wenn

Woher wissen Zugvögel, dass bald der Winter kommt?

sie in ihrem Winterquartier angekommen sein müssten.

Zusätzlich zu der inneren Uhr reagieren die Vögel aber auch auf die zu- und abnehmenden Tageslängen. Im Frühling, wenn die Tage länger werden, beginnen sie zu singen und fangen an, für Nachwuchs zu sorgen. Im Sommer, wenn die Tage kürzer werden, bereiten sie sich auf die Wanderung vor und fliegen schließlich davon.

Die Kennzeichnung von Vögeln durch Ringe mit Nummern und der Angabe der Beringungsstation gilt als wichtigste Methode der Vogelzugforschung. Die Wiederfunde und die Beobachtung der beringten Vögel geben über deren Zugrichtung, die Zugwege und die Lage bevorzugter Rastgebiete und Winterquartiere Auskunft. Bei großen Vögeln, wie Störchen, Kranichen und Gänsen, ist es möglich, so große Ringe zu verwenden, dass die Nummern mit dem Fernrohr abgelesen werden können. Durch das Anbringen mehrerer farbiger Ringe in

Wie wird der Vogelzug erforscht?

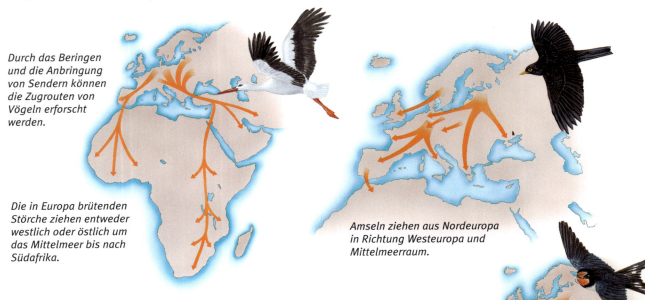

Durch das Beringen und die Anbringung von Sendern können die Zugrouten von Vögeln erforscht werden.

Die in Europa brütenden Störche ziehen entweder westlich oder östlich um das Mittelmeer bis nach Südafrika.

Amseln ziehen aus Nordeuropa in Richtung Westeuropa und Mittelmeerraum.

verschiedenen Farbkombinationen kann man einzelne Vögel von Weitem erkennbar machen.

Heute gibt es aber noch eine viel elegantere Möglichkeit, alle Einzelheiten der Wanderung von Vögeln zu erforschen. Den Vögeln werden kleine Sender auf dem Rücken befestigt, die sie beim Fliegen weder stören, noch behindern. Den Weg dieser Vögel kann man auf kürzere Strecken mit einer Peilantenne verfolgen. Mit der Ortung der Sender über einen Satelliten ist es ständig möglich, den jeweiligen Aufenthaltsort der Vögel festzustellen und auch über die täglich zurückgelegten Flugstrecken, die Dauer der Rastpausen, die Rastgebiete und die Wanderungen im Winterquartier genaue Auskunft zu erhalten. Einige so mit Sendern versehene Störche konnten auch im Internet auf ihrem Zug beobachtet werden.

Will man wissen, wie viele Vögel unterwegs sind, muss man sie zählen. Das ist tagsüber besonders an den Stellen möglich, wo sich viele Vögel zum Flug über das Meer oder ein Gebirge sammeln. Bei Nacht ist ein direktes Zählen kaum möglich. Mit Radargeräten kann man aber den Vogelzug verfolgen und ungefähr auch die Menge der ziehenden Vögel abschätzen. Welche Vögel da fliegen, lässt sich nur in Ausnahmefällen sagen.

Die kleinen Schwalben legen auf ihrem Zug bis zu 11 000 Kilometer zurück.

DIE VOGELZUGFORSCHUNG begann 1890 damit, dass der dänische Lehrer Hans Christian Mortensen Staren Metallringe um die Beine legte. Schon 1903 gründete Johann Thienemann auf der Kurischen Nehrung an der Ostsee die Vogelwarte Rossitten. Von da an wurden in vielen Ländern an günstigen Stellen mit starkem Vogelzug solche Beringungsstationen gegründet.

WIE WIRD DAS RICHTUNGSFINDEN DER VÖGEL UNTERSUCHT?

Ergebnisse über die Richtungswahl eines Vogels ergeben Untersuchungen von in besonderen Käfigen gehaltenen Vögeln. Dabei macht man sich die sogenannte Zugunruhe zunutze, durch die die Vögel anfangen, auch im Sitzen mit den Flügeln zu schwirren, und versuchen, flatternd aus dem Käfig herauszukommen. Dabei schlagen sie die Richtung ein, in der sie in ihr Winterquartier fliegen müssten. Diese Richtung lässt sich mit einem runden Trichterkäfig bestimmen. Der Trichter ist unten abgeschnitten und auf seinem Boden ein Stempelkissen angebracht. Der Vogel steht auf dem Kissen und versucht immer wieder, an der schrägen, mit Papier ausgelegten Trichterwand nach außen zu kommen. Dabei stempelt er das Papier mit seinen Fußabdrücken. An der Schwärzung des Papiers lässt sich nach einiger Zeit genau erkennen, welche Vorzugsrichtung der Vogel im Käfig eingeschlagen hat.

Rundkäfig zur Erfassung des Orientierungsverhaltens

Orientierung

Rotkehlchen orientieren sich anhand des Erdmagnetfeldes.

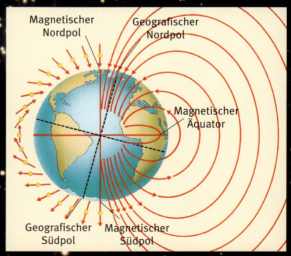

> **Woher kennen Zugvögel den Weg?**

Junge Schwalben sind, wie alle anderen in diesem Jahr geborenen Zugvögel, noch nie in Afrika gewesen. Dennoch fliegen sie zielstrebig einige Tausend Kilometer in die Gegend, in der auch ihre Eltern den Winter zubringen. Die Zugrichtung und wahrscheinlich auch die Flugdauer sind den Schwalben, wie den meisten kleinen Zugvögeln, angeboren. Um die Richtung beim Fliegen einhalten zu können, benutzen sie den Stand der Sonne und der Sterne, hauptsächlich aber wohl das Magnetfeld der Erde als Kompass.

SONNENKOMPASS

Wenn wir unsere Wanderrichtung nach dem Sonnenstand bestimmen wollen, brauchen wir eine Uhr. Genauso wie wir können Vögel mit ihrer inneren Uhr und der Sonne ihre Flugrichtung festlegen. Nachweisen kann man das dadurch, dass man die innere Uhr von Vögeln verstellt. Sie werden dazu über einige Zeit bei künstlicher Beleuchtung an einen anderen Tag-Nacht-Ablauf gewöhnt und dann auf ihre Richtungswahl hin getestet. Es zeigt sich, dass ihre Vorzugsrichtung, so wie nach der falsch laufenden Uhr zu erwarten, verstellt ausgerichtet ist.

Bei Staren konnte der Sonnenkompass nachgewiesen werden.

MAGNETKOMPASS

Vögel können das Magnetfeld der Erde wahrnehmen. Verändert man das Magnetfeld um ein im Käfig sitzendes Rotkehlchen künstlich, verändert sich auch seine Zugrichtung. Der Magnetkompass der Vögel unterscheidet aber nicht zwischen Norden und Süden, sondern zwischen polwärts und äquatorwärts. Zur Bestimmung der Richtung benutzen Vögel die Neigung der Magnetfeldlinien. An den Polen verlaufen diese Linien senkrecht. Zum Äquator hin wird die Neigung immer flacher, bis sie am Äquator waagerecht verlaufen. Entlang der immer flacher werdenden Feldlinien fliegen die Vögel also nach Süden und umgekehrt nach Norden. Im Unterschied zum Sonnen- und zum Sternenkompass ist der Magnetkompass den Vögeln angeboren. Er gibt also von vornherein die Richtung vor, an der die anderen Kompasse ausgerichtet werden können. Inzwischen gibt es auch deutliche Forschungsergebnisse, die zeigen, dass der Magnetsinn sowohl in der Netzhaut des Auges der Vögel als auch in der Form sogenannter Magnetitkristalle, einer magnetischen Eisenverbindung, im Schnabel zu finden sein könnte. Vielleicht wirken auch beide Sinne bei der Wahrnehmung des Magnetfeldes der Erde zusammen.

STERNENKOMPASS

Um festzustellen, ob Vögel, die nachts ziehen, sich nach den Sternen richten können, wurde ihre Richtungswahl unter dem künstlichen Sternenhimmel eines Planetariums untersucht, der beliebig verändert werden konnte. Es zeigte sich, dass die getesteten Vögel ihre Vorzugsrichtung umkehrten, wenn auch der ganze Sternenhimmel umgedreht wurde, also die Sterne, die sonst im Süden stehen, jetzt im Norden waren und umgekehrt. Welche der vielen Sterne die Vögel zur Richtungsbestimmung nutzen, ist bisher noch nicht geklärt. Wahrscheinlich lernen junge Vögel an ihrem Geburtsort, dem Sternenhimmel bestimmte Richtungsinformationen zu entnehmen.

Das Magnetfeld der Erde

Magnetischer Nordpol · Geografischer Nordpol · Magnetischer Äquator · Geografischer Südpol · Magnetischer Südpol

Vögel in ihrem Lebensraum

Früher war fast ganz Europa von Wald bedeckt. Die meisten europäischen Vögel sind daher

GEMÄSSIGTE BREITEN

Waldvögel. Typische Waldbewohner sind Spechte, Meisen, Drosseln, Laubsänger und Finken, also auch Amseln, Kohlmeisen und Buchfinken, die wir in unseren Parks und Gärten beobachten können. Dabei haben die verschiedenen Waldformen ihre besonderen Vogelgemeinschaften. Nadelwälder bedecken weite Gebiete im Norden Europas und Asiens. An sie schließt sich nach Süden die Laubwaldzone an, die in Europa fast bis zum Mittelmeer reicht. Nur in den hohen Gebirgen wachsen wieder natürliche Nadelwälder. Die Zahl der Vogelarten in den Nadelwäldern ist relativ gering. Einige Arten, wie Fichtenkreuzschnabel, Tannenhäher, Haubenmeise und Wintergoldhähnchen, kommen aber fast nur hier vor. In den Laubwäldern ist die Zahl der Vogelarten und auch die Besiedlungsdichte durch Vögel meist recht hoch. Am höchsten ist sie dort, wo am Boden Kräuter wachsen und zwischen den hohen Bäumen Büsche und junge Bäume stehen. Drosseln, Rotkehlchen und Zaunkönige suchen ihre Nahrung vorwiegend im Kraut und am Boden. Meisen, Grasmücken und Laubsänger turnen im Unterholz und in den Baumkronen. Spechte, Baumläufer und Kleiber klettern an den Stämmen. Viele dieser Waldvögel konnten sich den vom Menschen neu geschaffenen Bedingungen anpassen. Sie

Rotkehlchen

Zaunkönig

Buchfink

Feldlerchen brauchen die offene Ackerlandschaft.

Anpassungen im Körperbau und im Verhalten haben es den Vögeln ermöglicht, sich fast überall auf dieser Erde, von den eisigen Polen und lebensfeindlichen Wüsten bis zu den Urwäldern der Tropen, anzusiedeln. Jedoch sind wenige Vogelarten nahezu weltweit verbreitet. Normalerweise kommen die einzelnen Arten nur in bestimmten Gegenden vor. Die verschiedenen Lebensräume von den kalten, polaren Regionen bis zu den heißen Tropen haben daher ihre ganz bestimmten, kennzeichnenden Vogelgemeinschaften.

Nur auf der Nordhalbkugel der Erde gibt es zwischen der Eismeerküste und der Nadelwaldzone weite baumlose, sumpfige Tundren

TUNDRA

mit Mooren, Tümpeln und Seen. Im relativ warmen Sommer geht über diesen Gebieten die Sonne nicht unter und im eisigen Winter nicht auf. Viele Vögel kommen alljährlich zum Brüten in diese Region. Es sind vor allem Watvögel, Enten, Gänse und Schwäne. In dem kurzen, kaum drei Monate dauernden Sommer müssen sie brüten und ihre Jungen aufziehen. Das ist nur möglich, weil es in dieser Zeit ständig hell ist und das Nahrungsangebot mit den Massen an Mücken- und Fliegenlarven und anderen Insekten sehr groß ist. Diese Vögel ziehen, spätestens wenn der erste Schnee fällt, weiter nach Süden in die gemäßigteren Breiten und bevölkern dann in großen Schwärmen das Wattenmeer an der Nordseeküste. Nur ganz wenige Vögel, wie die Schneehühner und Schneeeulen, können in den langen, dunklen und sehr kalten Wintermonaten in der Tundra bleiben. Die Schneehühner haben dann ein weißes, sehr dichtes Winterkleid. Auch ihre Füße sind befiedert. Mit diesen „Schneeschuhen" können sie über die Schneedecke laufen. Sie leben in dieser Zeit fast ausschließlich von den Knospen und Sprossen der Zwergweiden. Um an

sie heranzukommen, graben sie unter dem Schnee ein Tunnelsystem. In solchen Schneehöhlen schlafen sie auch und überstehen darin die eisigen Winterstürme.

Da die Hauptbeute der Schneeeulen, die Lemminge, auch im Winter unterwegs sind und sie in der Lage sind, diese Nager

Schneeeule

auch unter dem Schnee zu orten, leiden sie gewöhnlich keine Not. In Jahren mit wenigen Lemmingen ziehen aber auch die Schneeeulen weiter südwärts in weniger kalte Gegenden mit besserem Nahrungsangebot.

Moorschneehuhn

Thorshühnchen

Schneeammer

Im hellen Sommer ist die Tundra voller Vögel. Den harten Winter können hier nur wenige überleben.

kommen nun auch dort vor, wo in Städten und Dörfern durch einige große Bäume, durch Gebüsche und Hecken waldähnliche Lebensbereiche entstanden sind.

In Asien und in Nordamerika gab es schon immer weite Steppen oder Prärien. Solche offenen Landschaften sind in Europa erst nach der Rodung der großen Wälder entstanden. Die Vögel unserer Felder und Wiesen, Feldlerche, Kiebitz und Rebhuhn, konnten also erst einwandern, nachdem die Menschen ihnen den geeigneten Lebensraum geschaffen hatten.

Tannenhäher sind typische Rabenvögel aus den Nadelwäldern der Gebirgsregionen Europas und Asiens. Besonders gern fressen sie die Früchte der Zirbelkiefer.

An allen Binnengewässern leben

BINNENGEWÄSSER weltweit
ähnliche
Vogelgesellschaften. Wasseram-
seln, die einzigen Singvögel, die richtige Wasservögel geworden sind, suchen tauchend zwischen dem Geröll der
Bäche nach Insektenlarven. An den
langsamer fließenden Bächen und Flüs-
sen finden sich dort, wo die Ufer dichter
bewachsen sind, ähnliche Vogelgemeinschaften wie an den Seen und Teichen.
Eisvögel jedoch kommen nur an klaren,
fließenden Gewässern vor. Von einer
Sitzwarte aus stoßen sie hier nach größeren Insekten und kleinen Fischen. Die ste-
henden Gewässer, Seen und Teiche, sind
im Normalfall von bestimmten Pflanzen-
gesellschaften umgeben: Seggen- und
Schilfbestände sind der Lebensraum der
kleineren Rallen, die sich geschickt im
Gewirr der Halme bewegen können. Hier
bauen auch die Rohrsänger zwischen
Schilfhalmen ihre Hängenester. Am Rande
der Röhrichtzone halten sich bevorzugt Reiher, die größeren
Rallen und die Gründel-
enten auf. Auf den
schwimmenden

Teichrohrsänger

Teichhühner

Graureiher

Blättern der Seerosen bauen die Trauer-
seeschwalben ihre Nester. Blatthühnchen
können mit ihren langen Zehen über die
Blätter laufen und hier nach Nahrung suchen. Wo das freie Wasser beginnt, holen
Tauchenten und Blesshühner tauchend
die unter Wasser wachsenden Pflanzen
herauf. Lappentaucher, Kormorane,
Schlangenhalsvögel und Säger schwimmen auf der offenen Wasserfläche und
tauchen von hier aus zu ihrer Fischjagd.
Auch Fischadler, Seeadler, Fischeule und
Fischuhu jagen bevorzugt über offenem
Wasser.

Wichtiger als die geografische Lage ist

KÜSTEN für die Vögel die
Beschaffenheit
der Küsten. An felsigen Ufern brüten zwar
viele Hochseevögel, ständig leben hier
aber nur wenige Arten, wie Schwarze
Austernfischer, einige Möwen und Kormorane. An sandigen Stränden ist die Arten-
zahl mit schwarz-weißen Austernfischern,
kleinen Regenpfeifern, zahlreichen Möwen und Seeschwalben schon höher. An
den flachen, schlickigen Wattenküsten
herrscht das reichste Vogelleben. Bei
Ebbe ist ein gewaltiges Nahrungsangebot
an Krebschen und Würmern auch den
Watvögeln leicht zugänglich. Daher strö-
men aus einem riesigen, von Nordkanada
bis Ostsibirien reichenden Gebiet Regen-
pfeifer, Strandläufer, Wasserläufer, Brach-

*Der Eisvogel hat im
Sturzflug einen Fisch
erbeutet.*

vögel, Ufer- und Pfuhlschnepfen im Wattenmeer der Nordseeküste zusammen. Sie wollen hier „auftanken", das heißt, sich für alle Anstrengungen des Jahres, die Brut, den Zug und die Mauser, den nötigen Fettvorrat anfressen. Auch für Enten und Gänse ist das Wattenmeer eine lebenswichtige „Tankstelle". Viele Tauchenten, zum Beispiel Eiderenten, tauchen im flachen Wasser nach Muscheln, Schnecken und Krebsen. Auf den Salzwiesen, die sich auf den nur gelegentlich überfluteten Flächen am Rande des Wattenmeeres ausdehnen, weiden große Gänsescharen.

Der Lummenfelsen von Helgoland bietet Trottellummen, Dreizehenmöwen und Basstölpeln gute Brutmöglichkeiten.

Kaiserpinguine in der Antarktis

Alpenstrandläufer

Austernfischer

Dunkler Wasserläufer

Da Vögel fliegen und viele dazu noch

MEERE

schwimmen und tauchen können, war es ihnen möglich, auch das offene Meer zu besiedeln. Die Hochseevögel müssen aber zum Brüten immer wieder an Land zurück. Hier sind sie auf geschützte und von See her leicht erreichbare Brutplätze angewiesen. An den besonders günstigen Küstenabschnitten sind daher große, oft einige Tausend Brutpaare umfassende Brutkolonien entstanden. Selbstverständlich können Vögel auf dem Meer nur dort leben, wo sie ausreichend Nahrung finden. Die kälteren Meere um die Pole und in den gemäßigten Breiten und auch die kalten Meeresströmungen, etwa der Humboldtstrom vor der Küste von Chile und Peru, sind besonders reich an Krebschen, Fischen und Tintenfischen. Sie sind daher von Meeresvögeln weit dichter bevölkert als die nahrungsärme-

ren tropischen Meere.
Im Süden, in der antarktischen und subantarktischen Zone sind es vorwiegend Pinguine, Albatrosse und Sturmvögel, die tauchend oder fliegend auf die Meerestiere Jagd machen. Im Norden, in der arktischen und gemäßigten Region leben die pinguinähnlichen, aber flugfähigen Lummen, die gedrungenen, großschnäbligen Papageitaucher und die anderen Alken sowie Eissturmvögel und Dreizehenmöwen.
Über den kalten, sehr fischreichen Meeresströmungen ist die Zahl der Vögel ausgesprochen groß. Tölpel, Kormorane und Meerespelikane brüten hier oft zu mehreren Millionen auf kleinen Inseln, die dadurch über die Jahre von meterdicken Kotschichten bedeckt wurden. Dieser Vogelmist, der Guano, ist ein sehr gehaltvoller Dünger, der auf den Inseln abgegraben und verkauft wird.

Braunbauchflughuhn aus Ostafrika

Gilaspecht an Kaktus

In den Wüsten sollte man gar keine Vögel

WÜSTEN erwarten. Doch auch hier gibt es Vogelarten, die sich ganz auf die Bedingungen in extremen Trockengebieten eingestellt haben. Ihre hohe Körpertemperatur, ihr geringer Wasserbedarf und die Fähigkeit, fliegend schnell weite Strecken zurücklegen zu können, machen sie für ein Leben in den Wüsten und Trockensteppen besser geeignet als Säugetiere. Wie die Menschen, die mit ihren Herden umherziehen, sind auch viele Vögel der Wüsten Nomaden, die überall dort auftauchen, wo nach Regenfällen die Wüste kurzzeitig aufblüht. Solche Nomaden sind zum Beispiel Zebrafinken im Inneren Australiens. In Schwärmen streifen sie in der Wüstensteppe umher. Sobald irgendwo die ersten Regentropfen fallen, beginnen sie zu balzen. In kürzester Zeit ist das Nest fertig und sind die Eier gelegt. Der Nahrungsüberfluss durch die Feuchtigkeit hält nur wenige Wochen an. In dieser kurzen Frist müssen sie ihre Jungen großbekommen.

Auch für die Vögel der Wüsten ist das Hauptproblem der Wassermangel. Manchen kleinen Wüstenvögeln, wie den Steinschmätzern und Lerchen, reicht die Feuchtigkeit, die sie mit ihrer Insektennahrung aufnehmen. Andere, größere Vögel unternehmen täglich weite Flüge

zu den wenigen Wasserstellen. Die Flughühner, alle ganz ausgesprochene Wüsten- und Steppenbewohner, bringen sogar das Wasser von den Wasserstellen über viele Kilometer zu ihren noch flugunfähigen Jungen. Das Brustgefieder der Männchen kann sich wie ein Schwamm mit Wasser füllen. Die Jungen stecken ihren Schnabel zwischen die Federn und saugen das mitgebrachte Wasser heraus.

Savannen – weites Grasland mit einzelnen Busch- und Baumgruppen – erstrecken sich in den Tropen zu **TROPISCHE SAVANNEN** beiden Seiten der am Äquator wachsenden Regenwälder. Weil hier auf die Regenzeit immer eine länger anhaltende Trockenzeit folgt, kann ein dichter Wald im Bereich der Savannen nicht mehr wachsen. Diesen wechselnden Jahreszeiten müssen sich auch die hier lebenden Vögel anpassen. Die großen, flugunfähigen Laufvögel, die Strauße in Afrika, die Emus in Australien und die Nandus in Südamerika, gehören in diese Landschaft. In dem hohen Gras leben auch viele andere Vögel, die sich

Wüstenbussard aus Wüsten und Steppen Nord- und Südamerikas

Strauße

Siedelweber an ihren Nestbauten

Afrikanische Savanne

Rotbauchwürger

Gelbschnabeltoko

Riesentrappe

44

Roter Paradiesvogel

Australischer Königssittich

Goldkehltukan

vorwiegend laufend fortbewegen, zum Beispiel Perlhühner, Frankoline und Trappen in Afrika und Steißhühner in Südamerika. Von den Grassamen, die zu Beginn der Trockenzeit reifen, leben in Afrika und Südasien zahlreiche Webervögel. Am bekanntesten sind die Blutschnabelweber aus den Savannen Afrikas. In der Krone einer großen Schirmakazie können mehrere Tausend ihrer Kugelnester hängen. Da in den Savannen viele Insekten, Schlangen, Eidechsen, Vögel und kleine Säugetiere leben, finden die Greifvögel hier reiche Beute. Der Kampfadler, der größte Adler Afrikas, greift auch junge Antilopen. Die Höhlenweihe kann mit ihren langen, beweglichen Beinen die Eier und Jungen der Webervögel aus den Nestern holen. In den warmen Aufwinden kreisen Geier und schauen nach Tierkadavern aus. Sie brauchen die offene Landschaft mit weiter Sicht.

Weil das Klima am Äquator gleichmäßig

TROPISCHE REGENWÄLDER feucht und

warm ist, können hier große zusammenhängende Regenwälder wachsen. Das Innere dieser Wälder ist zumeist so dunkel, dass auf dem Boden nur wenige Pflanzen überleben. Dafür sind aber die riesigen Bäume von vielen verschiedenen Lianen und Epiphyten – Pflanzen, die auf anderen Pflanzen wachsen – bedeckt. Die Baumkronen dieser Wälder sind der Lebens-

raum, in dem die Blumen blühen und die Früchte reifen. Hier sind also auch die meisten Tiere zu finden. Die Anzahl unterschiedlicher Vogelarten, die sich auch überwiegend in den oberen Stockwerken des Waldes aufhalten, ist ausgesprochen groß. Auf einer kleinen Fläche von wenigen Hektar können mehrere Hundert Vogelarten vorkommen. Dafür sind aber von jeder dieser Arten zumeist nur recht wenige Vögel vorhanden. Auffällig ist, dass zu den Urwaldvögeln die buntesten und seltsamsten Gestalten gehören. Papageien, bunte Tauben, Trogone und Spechte kommen, wenn auch mit jeweils anderen Arten, in den Tropenwäldern aller Kontinente vor. In den Amazonaswäldern Südamerikas leben neben vielen anderen Vögeln

Hyazinthara aus Brasilien

Schmuckvögel, Tukane, Tangaren und Kolibris. Turakos und Hornvögel gehören in die afrikanischen Urwälder. Pfauen und verschiedene prächtige Fasane sind Bodenvögel asiatischer Tropenwälder. Hornvögel, grün glänzende Blattvögel und bunte Fliegenschnäpper wohnen hier in den Bäumen. Die seltsam schönen Paradiesvögel kommen nur in den Regenwäldern Neuguineas und Australiens vor. Der einzige große Laufvogel der Tropenwälder ist der Kasuar. Auch er lebt nur in den feuchten Urwäldern Nordaustraliens und Neuguineas.

Gefährdete Arten: Blaukehlchen *Rohrdommel* *Grauer Kranich*

Gefährdung und Schutz

Menschen sind überall auf der Erde dabei, die Umwelt gründlich zu verändern. Wo früher Wälder, Sümpfe und Moore waren, sind heute Felder, Wiesen, Straßen und Städte. Wo früher Bäche und Flüsse sich durch die Landschaft schlängelten, ziehen sich heute schnurgerade Gräben und Kanäle. Wo vor noch wenigen Jahren auf Feldern und Wiesen viele bunte Blumen und andere Wildkräuter wuchsen, gibt es heute nur noch das Einheitsgrün von Getreide oder Futtergras. Durch die Vereinheitlichung der Landschaft und die zunehmende Vergiftung von Wasser, Luft und Boden sind vielen Vögeln die Lebensgrundlagen entzogen worden. In Mitteleuropa ist es vor allem die intensive Landwirtschaft unter Einsatz von großen Maschinen sowie Unkrautbekämpfungs- und Schädlingsgiften, die vielen Vögeln die Lebensgrundlage entzieht. Stark betroffen sind die Wiesenvögel wie Kiebitz und Brachvogel und auch die Feldvögel wie Rebhuhn und Feldlerche. Sogar die Spatzen werden in einigen Städten seltener, weil

Warum sind Vögel gefährdet?

ihnen die Insekten zum Aufziehen der Jungen fehlen.

Jeder Einzelne kann schon eine ganze Menge für eine lebensfreundliche Umwelt tun, zum Beispiel indem er seinen Garten nicht zu gründlich pflegt und sich auch sonst umweltbewusst verhält. In einem Garten, in dem dichte Büsche, hohe Bäume, wilde Kräuter und hohes Gras wachsen, der also viele Nistgelegenheiten bietet und durch

Wie können wir Vögel schützen?

RETTUNGSVERSUCHE

Vom Kalifornischen Kondor, dem Nipponibis und dem Mauritiusfalken gibt es jeweils nur noch wenige Vögel. Es wird versucht, sie in Gefangenschaft zu züchten, bis wieder lebensfähige Bestände herangewachsen sind. Schon wenn die Zahl der Vögel einer Art auf einige Hundert sinkt, wie das bei einigen Kranichen oder den Kurzschwanzalbatrossen der Fall ist, besteht nur noch bei strengstem Schutz die Chance zum Überleben.

ELSTERN

Immer wieder hört man, dass Elstern Schuld am Rückgang bestimmter Singvogelarten seien. Darum werden diese Rabenvögel oft vertrieben oder gar erschossen. Elstern machen Jagd auf Jungvögel und plündern Nester. Das haben sie und andere „Räuber" jedoch auch schon getan, bevor es Jäger gab, die sie daran hätten hindern können. Den anderen Vögeln hat das, solange ihre Lebensbedingungen durch uns Menschen nicht verschlechtert wurden, nicht geschadet. Wenn die Elstern heute in den Gärten und Parks häufiger werden, kommen sie eben nur mit den unnatürlichen Verhältnissen besser klar als viele andere Vögel. Alle Bemühungen helfen also überhaupt nichts, wenn die Natur ringsum verarmt, vergiftet und nach unseren Schönheitsvorstellungen zurechtgestutzt ist.

Elster

Schwarzstorch

ROTE LISTE

Von den rund 9 000 Vogelarten der Erde sind mindestens 1000 inzwischen in ihrem Bestand gefährdet. Jedes Jahr werden neue Rote Listen zusammengestellt, in denen die gefährdeten Arten nach dem Gefährdungsgrad unterschieden aufgelistet werden. Solche Listen gibt es sowohl für kleinere Gebiete, zum Beispiel Landkreise, als auch für ganze Länder und Kontinente.

NATURSCHUTZVERBÄNDE

Fast überall gibt es Gruppen von Natur- und Vogelschutzorganisationen. Je mehr Interessierte dort mitmachen, umso mehr können diese Vereine erreichen. Bei ihnen kann man sich auch Rat und Unterstützung holen, wenn man mehr wissen und besser helfen will.

Früchte tragende Sträucher locken viele Vögel in den eigenen Garten.

die Vielfalt der Pflanzen auch reichlich Insekten, Samen und Früchte bereithält, werden viele Vögel brüten. Nistkästen für Höhlen-, aber auch für Halbhöhlenbrüter, wie Grauschnäpper oder Gartenrotschwanz, aufzuhängen ist sicher nützlich. Man muss sich nur darüber im Klaren sein, dass die Umgebung stimmen muss, die Vögel also in der Lage sein müssen, genügend Futter für ihre Jungen zu finden. Meisen beanspruchen, wie die meisten Vögel, ein bestimmtes Brutterritorium. Daher ist es nicht sinnvoll, an jeden Baum im Garten mehrere Meisenkästen zu hängen.

Die Vögel, die den Winter über bei uns bleiben, sind im Normalfall nicht auf eine Zufütterung angewiesen. Wenn man füttert – was nur bei Eis und Schnee und großer Kälte geschehen sollte – ist unbedingt auf einwandfreies Futter und größte

Den Platz für einen Nistkasten sollte man sorgfältig auswählen.

Sauberkeit am Futterplatz zu achten. Möglicherweise sterben mehr Vögel an falschem oder verdorbenem Futter und an Ansteckungen in verschmutzten Futterhäusern, als durch die Fütterung vor dem Hungertod bewahrt werden.

Auch die Pflege einzelner aus dem Nest gefallener Vögelchen trägt nur in Ausnahmefällen zur Erhaltung der Art bei. Die Überlebenschancen dieser Vögel sind, wenn man sie wieder in die Freiheit entlässt, äußerst gering. Sie haben nicht gelernt, ihr Futter selbst zu suchen, und kennen auch die möglichen Gefahren nicht.

Es kommt nicht so sehr darauf an, den einzelnen Vogel zu umsorgen, sondern darauf, dass alle Vögel in ausreichendem Maße den Lebensraum vorfinden, der ihnen und ihren Nachkommen ein Überleben garantiert.

Index

 **Natur** erforschen und schützen

 **Fossilien**

 **Das alte Ägypten**

 **Piraten**

 **Heimtiere**

 **Tiere** – wie sie sehen, hören und fühlen

 **Die sieben Weltwunder**

 **Gladiatoren**

 **Höhlen**

 **Mumien**

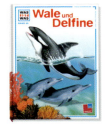 **Wale und Delfine**

 **Samurai**

 **Haie und Rochen**

 **Schatzsuche**

 **Zauberer, Hexen und Magie**

 **Kriminalistik**

 **Sternbilder und Sternzeichen**

 **Das Gehirn**

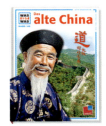 **Das alte China**

 **Tiere im Zoo**

 **Europa**

 **Feuerwehr**

 **Bären**

 **Schlangen**

 **Bionik**

 **Bergbau** Schätze der Erde

 **Klima**

 **Deutschland**

Spannende **DVD-Folgen**

Hörspiele

 Sport und Ernährung

 Heimtiere und **Wildtiere**

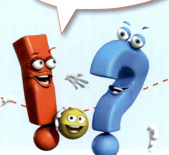

DVDs

 **Feuerwehr**

 **Schätze der Erde**